ANNALES DU MUSÉE

ET DE

L'ÉCOLE MODERNE DES BEAUX-ARTS.

SECONDE COLLECTION.

PARTIE ANCIENNE.

GALERIE DE M. MASSIAS.

GALERIE DE M. MASSIAS,

ANCIEN RÉSIDENT DE FRANCE A CARLSRUHE,

ou

CATALOGUE FIGURÉ

Des Tableaux de cette Galerie, accompagné d'Observations critiques et historiques, et de soixante-douze Planches gravées au trait, contenant plus de cent Sujets des Ecoles Italiennes, Française et Allemandes.

Rédigé par C. P. Landon, Peintre de S. A. R. Mgr le Duc de Berry, Chevalier de la Légion-d'Honneur, etc.

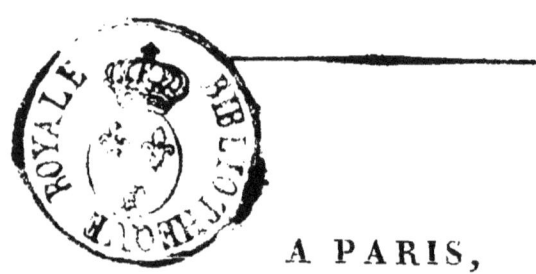

A PARIS,

Au Bureau des Annales du Musée, rue de Verneuil, n° 30, près la rue de Beaune.

———

IMPRIMERIE DE CHAIGNIEAU AINÉ.
1815.

AVERTISSEMENT.

Le choix des tableaux qui composent la galerie de M. Massias, à Paris, est un témoignage du goût et des connaissances de cet amateur distingué. Moins jaloux de former une collection nombreuse que de réunir des objets dignes de fixer l'attention des connaisseurs, il ne les a acquis que successivement, de loin à loin, et n'a rien épargné pour atteindre le but qu'il s'était proposé.

Toutefois M. Massias n'a pas espéré d'obtenir dans l'ensemble de sa galerie, cette égalité absolue de rareté ou de perfection qui ne se rencontre pas même dans les plus célèbres Musées de l'Europe, et qu'on ne saurait raisonnablement exiger. Il n'est peut-être aucune collection où l'on ne remarque ces disparates choquantes qui ont lieu d'étonner les gens d'un goût difficile. Cependant la galerie de M. Massias nous paraît être exempte de cet inconvénient. Ses tableaux les moins considérables présentent toujours, sous quelque rapport, un genre de mérite qui justifie leur admission.

Lorsque nous avons publié, il y a quelques années, un volume sur la galerie *Giustiniani* (1), du même format et dans le même genre de gravure que celui-ci, nous nous sommes conformé, pour la dénomination des sujets et celle des au-

---

(1) *Galerie Giustiniani*, ou Catalogue figuré des tableaux de cette célèbre galerie, transportée d'Italie en France ; accompagné d'observations critiques et historiques et de 72 planches gravées au trait, contenant environ 150 morceaux de toutes les écoles. Prix 15 fr. Au bureau des *Annales du Musée*, rue de Verneuil, n° 30.

teurs, au catalogue qui existait antérieurement à cette époque dans la famille Giustiniani ; nous croyons devoir en agir ainsi dans la circonstance actuelle. Nous publions les tableaux de la galerie de M. Massias sous le nom des maîtres auxquels ils sont attribués de longue origine.

Nous sommes dans l'usage de joindre à l'explication des tableaux une courte notice sur la vie et les ouvrages du peintre ; mais comme dans les volumes précédens il a été inséré un grand nombre de notices de ce genre, il n'y en aura dans celui-ci que sur les artistes dont nous n'avons point encore eu occasion de parler. Cependant elles ne laisseront pas d'être nombreuses, car la collection dont il s'agit contient plusieurs tableaux de maîtres dont le Musée de France ne possède aucun ouvrage ; et parmi ceux que présente le cabinet de M. Massias, il y en a beaucoup dont les auteurs n'ont pas encore été cités dans notre recueil des *Annales du Musée*.

Ce nouveau volume offrira un intérêt particulier. Il se compose presque en totalité de tableaux inédits, lesquels probablement, sans le soin que l'on nous a confié d'en publier le *trait*, seraient restés long-temps et peut-être toujours inconnus, non-seulement aux étrangers, mais encore à ceux des amateurs résidant à Paris, qui n'ont pas eu l'avantage de visiter la belle galerie de M. Massias.

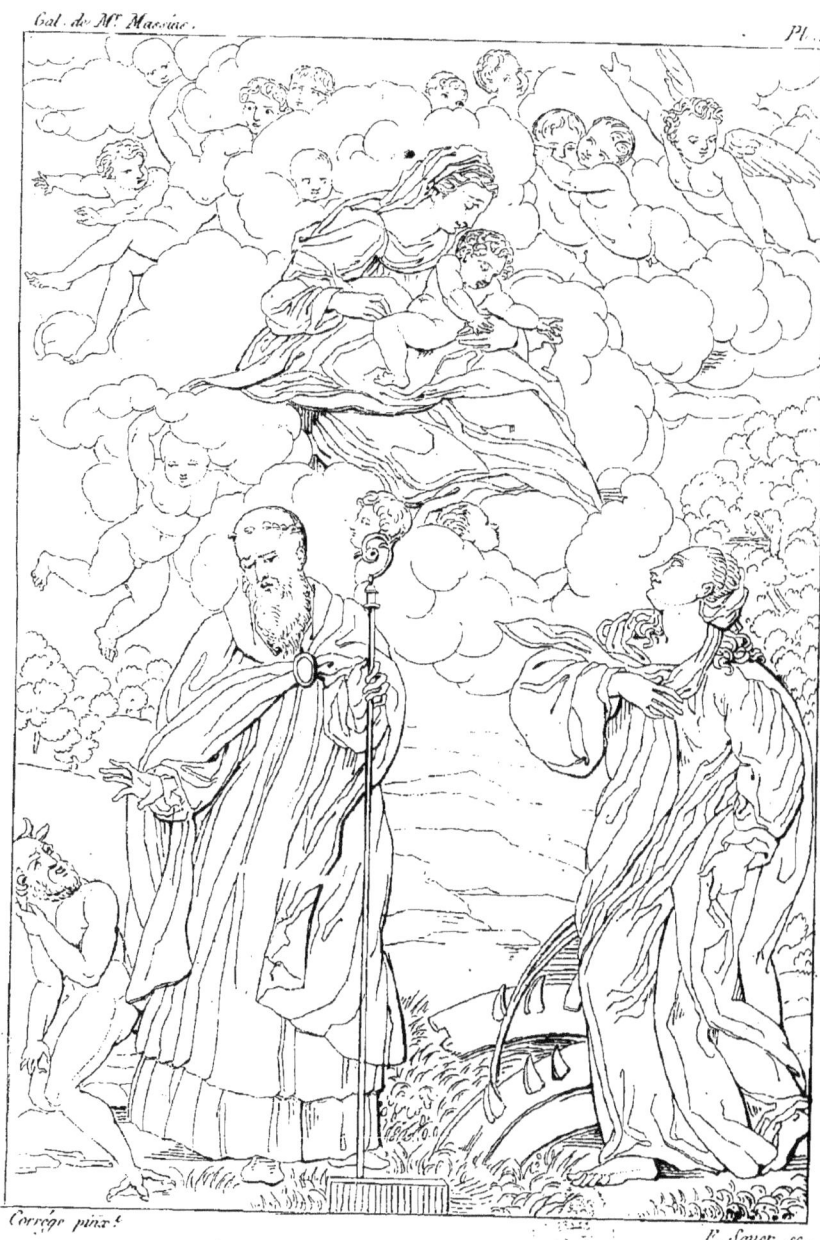

(7)

Planche première. — La Vierge et l'Enfant-Jésus, S. Ubalde et Ste Catherine ; Tableau du Corrège.

Peint sur bois, hauteur 23 pouces, largeur 16 pouces.

Sainte Catherine et saint Ubalde, à la vue duquel le démon s'enfuit, invoquent la Vierge, qui tient dans ses bras l'Enfant-Jésus. Des anges, groupés autour d'elle, jouent dans les airs parmi des nuages.

Ce tableau, d'une composition riche, d'une expression gracieuse, d'un coloris fin et léger, se fait encore remarquer par la franchise et la suavité de la touche. L'effet en est tout-à-la-fois vif, large et harmonieux. La chappe de saint Ubalde, brochée en or, et le vêtement de sainte Catherine, qui consiste en une tunique gris de lin et un manteau d'un vert brillant, ne perdent rien de leur éclat sur un ciel dont toutes les teintes sont chaudes et lumineuses.

Ce bel ouvrage faisait partie du cabinet de M. le Brun depuis plusieurs années ; il n'a été vendu qu'après sa mort, en 1814. M. le Brun le citait comme le plus beau qu'il eût jamais eu en sa possession. La petitesse des dimensions, jointe à l'importance du sujet, en augmente singulièrement le prix aux yeux des amateurs.

Quelques repeints faits en Italie, mais avec peu d'intelligence, nuisaient beaucoup à la tête de saint Ubalde, à quelques figures d'anges, et à la partie inférieure du ciel. Ces repeints, sous lesquels étaient cachées six têtes de chérubins du plus gracieux caractère, avaient été respectés jusqu'au moment où M. Massias fit l'acquisition du tableau ; ils viennent d'être enlevés par une main exercée et scrupuleuse. On peut jouir du véritable aspect de cette peinture, et l'apprécier dans son ensemble comme dans ses détails.

Nous saisissons cette occasion de rappeler aux amateurs que, quelle que soit la maladresse de certaines personnes qui s'occupent à restaurer des tableaux anciens, et n'hésitent pas à recouvrir ou plutôt à replâtrer de grandes parties de la peinture originale, lors même qu'il n'y a que quelques légers dommages à réparer, cette méthode vicieuse est beaucoup moins préjudiciable qu'un nétoyage fait sans ménagement. Cette seule opération fait souvent disparaître les teintes les plus délicates, enlève les glacis, détruit la finesse de la touche, et remet l'ouvrage entier dans l'état d'une première ébauche. La manie de rendre neufs des tableaux de trois cents ans, a causé la perte d'un grand nombre de chefs-d'œuvre. Les peintures de l'Ecole vénitienne, et toutes celles dont les ombres ont été couchées par glacis, sont celles qui en souffrent le plus.

Le tableau dont nous rendons compte dans cet article avait heureusement échappé à ce danger lorsqu'il est tombé entre les mains de M. le Brun, et il en a été préservé jusqu'à ce jour.

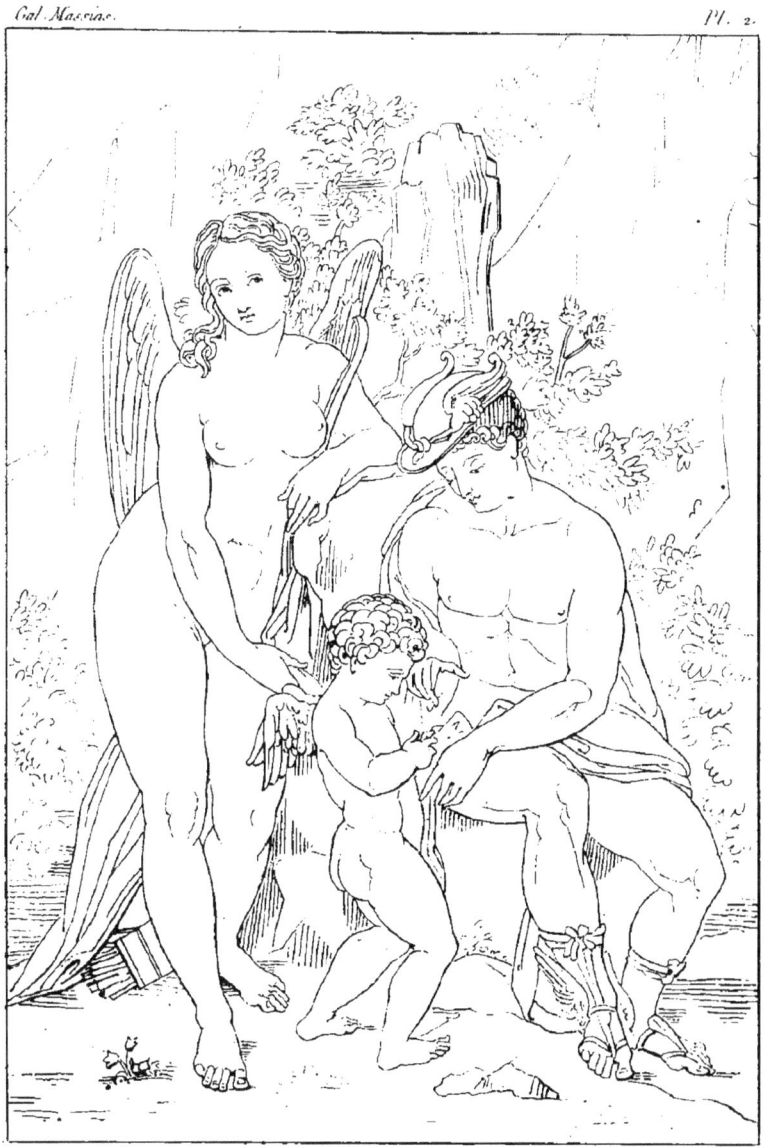

Planche deuxième. — *L'Education de l'Amour; Tableau* du Corrège.

Peint sur bois; hauteur 5 pieds 1 pouce, largeur 3 pieds 1 pouce.

Mercure montre à lire à l'Amour. Vénus sourit avec complaisance aux progrès de son fils.

On retrouve dans ce tableau très-capital, ce qui caractérise éminemment les principales productions du Corrège : la grâce dans les mouvemens et dans l'expression, la force du relief et la magie du clair-obscur. C'est sans doute après avoir vu quelque composition de ce grand peintre, exécutée dans le goût de celle dont nous donnons ici le trait, que Lanzi a fait cette remarque qui nous a paru très-fondée (1) : « On dirait que les couleurs n'ont pas été appliquées « successivement, mais qu'elles ont été comme jetées « et fondues sur le panneau. On croit les voir à travers « une glace; et, vers le soir ou dans un demi-jour, « elles acquièrent plus de transparence et de vérité. »

La même composition se trouvait, sur toile, à la galerie du Palais-Royal. La notice qu'on lit au bas de l'estampe qui a été gravée pour la collection de cette superbe galerie, contient l'observation suivante : « On « n'y trouve pas, comme dans les autres ouvrages du « Corrège, les grâces du style réunies aux autres « parties de l'art. » Aussi plusieurs artistes dont l'opi-

---

(1) Storia Pittorica della italia.

Galerie de M. Massias.

nion est une autorité, et entr'autres Mengs, avaient-ils jugé que le tableau de la galerie du Palais-Royal était une copie ou un double; dont celui-ci pourrait être le véritable original.

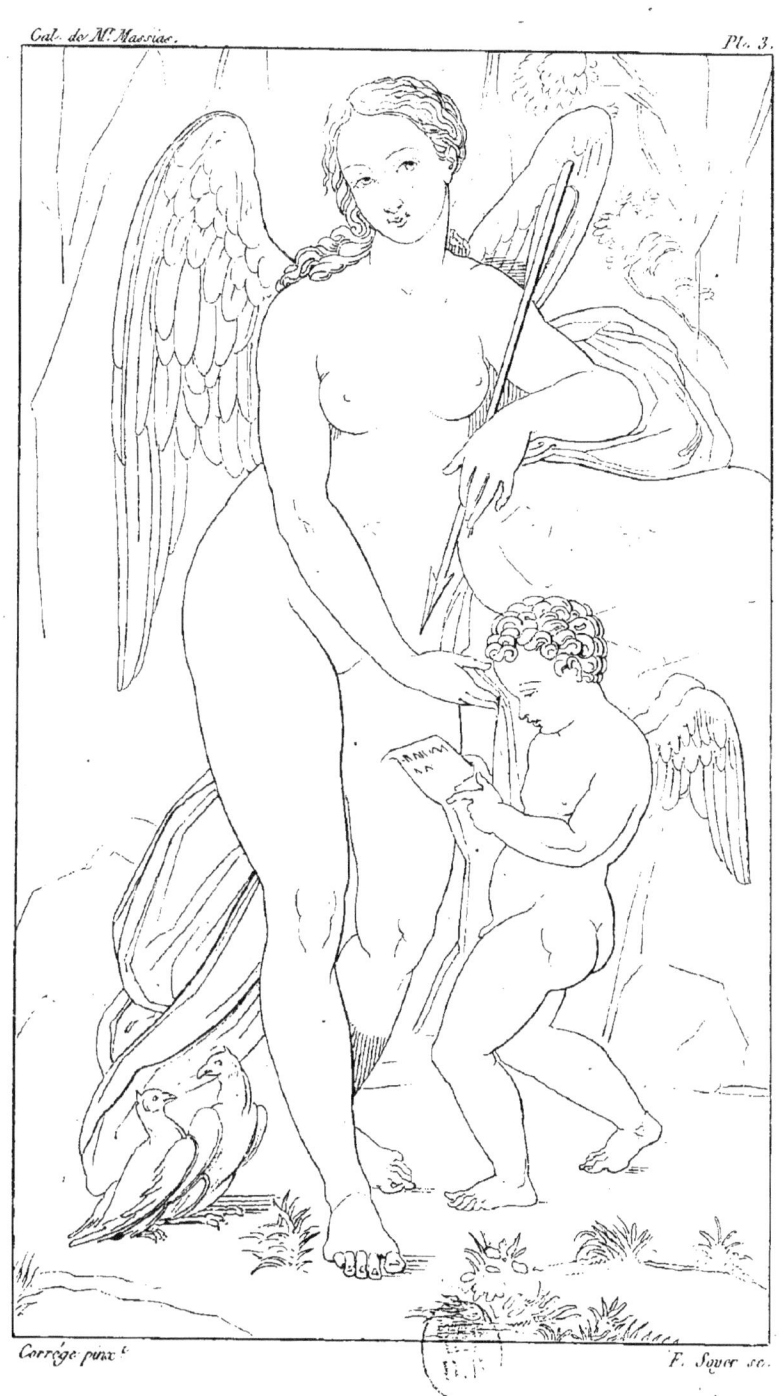

Planche troisième. — *Vénus et l'Amour; Tableau* du Corrège.

Peint sur cuivre; hauteur 20 pouces, sur 11 pouces de large.

Si ce morceau était moins fini, s'il n'était pas d'un effet plus clair que celui qui fait le sujet de la planche précédente, on pourrait le considérer en partie comme une étude du grand tableau. L'attitude de Vénus est la même. Celle de l'Amour est ce qu'on appelle une contre-épreuve. La figure de Mercure ne se trouve point ici. On voit aux pieds de Vénus deux colombes qui ne sont point dans le premier tableau, et la déesse, au lieu d'un arc, tient une flèche dans sa main.

La proportion de cette figure est à-peu-près la même que celle de la Madeleine, de la collection de Dresde; et l'on voit dans la galerie de Munich, de grandeur demi-nature, le même *Amour* que celui que le Corrège a peint dans le tableau de M. Massias. Nous observerons aussi que le sujet de la gravure précédente offre un coloris plus chaud et un effet plus mystérieux que celui-ci, dont le ton général est léger et argentin.

Ce dernier provient du cabinet de M. Weitsch, premier peintre de S. M. le roi de Prusse.

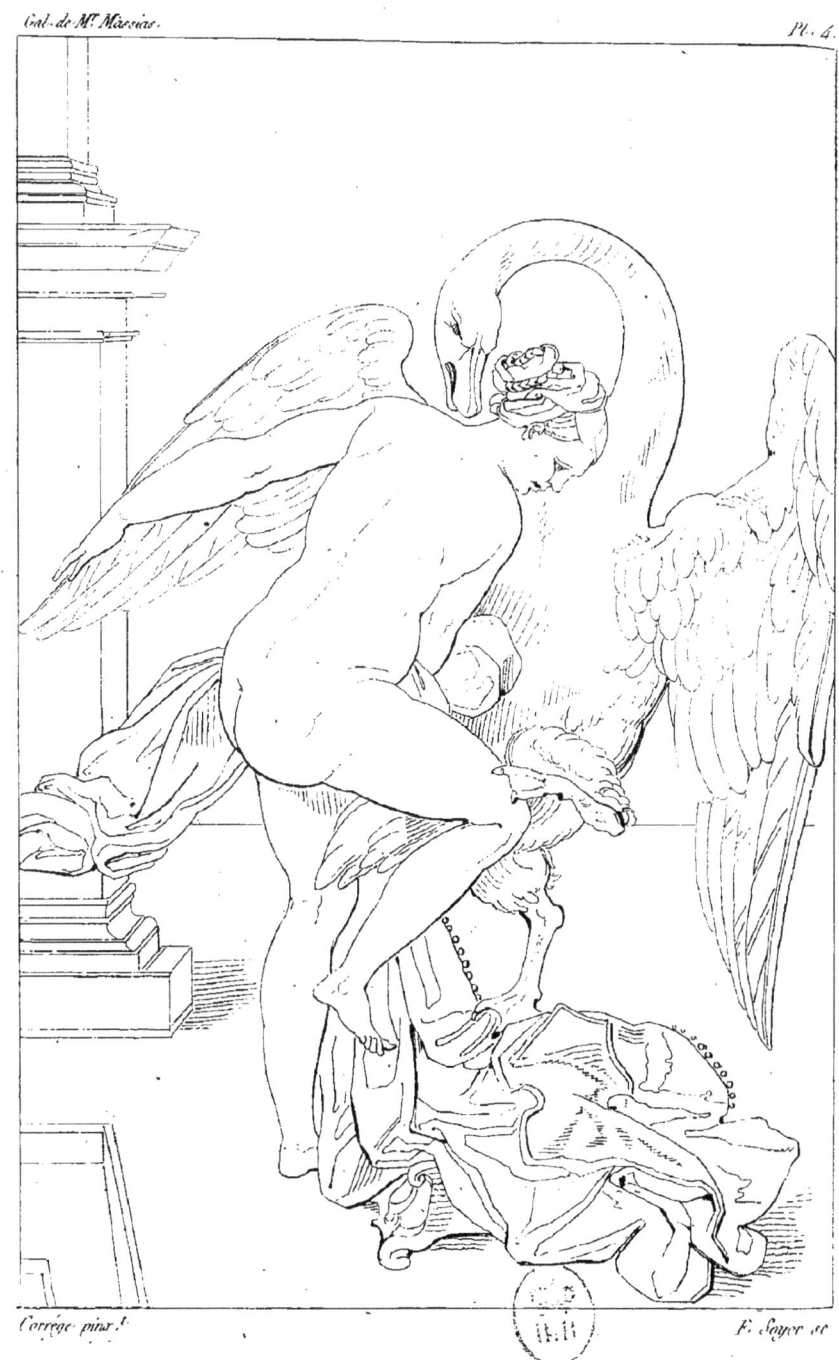

Gal. de Mr Massias.   Pl. 4.

Corrège pinx.^t   F. Soyer sc.

Planche quatrième. — *Jupiter et Léda; Tableau du Corrège.*

Peint sur cuivre; 15 pouces de haut, sur 11 pouces de large.

Les peintres ont coutume de représenter la fable de Léda dans un fond de paysage, sur les bords de l'Eurotas, ce qui semble plus conforme à la tradition mythologique. Cependant, on ne peut pas dire qu'en adoptant l'intérieur d'un appartement ou d'un portique, le Corrège se soit écarté de la vraisemblance. Il a pu supposer que la femme de Tyndare sort d'un bain pratiqué dans l'enceinte même de son palais, tout près du fleuve; on y descend par un escalier dont on aperçoit les derniers degrés dans le coin du tableau à gauche.

Le Dieu, transformé en cigne, a suivi Léda jusque dans son appartement, et il lui prodigue de nouvelles caresses au moment même où la princesse se dispose à reprendre ses vêtemens.

La finesse, la pureté, la transparence du coloris, et la précision de la touche, plus remarquables peut-être dans ce quatrième tableau du Corrège que dans les trois précédens, semblent le ranger dans une classe particulière. De plus, le dessin en est ferme, swelte et léger. On pourrait néanmoins désirer un contour mieux senti dans l'épaule et dans l'attachement du bras droit; et, dans le profil de Léda, des traits d'un caractère plus élevé. Une écharpe blanche voltige vers le milieu du corps de Léda, moyen adroit que le peintre a employé pour l'effet de son groupe, qui se détache du fonds avec beaucoup de grâce et d'élégance. Ce fond est obscur et sert à faire ressortir l'éclat des carnations et la blancheur du cigne. La draperie qui est aux pieds de Léda est d'un velours pourpre, doublée de fourrure et ornée d'une rangée de boutons. Le peintre, dans cette partie du costume, a cherché à imiter la forme plutôt qu'à l'ennoblir. On retrouve quelques exemples de cette négligence de style dans les ouvrages même des plus beaux temps de l'art.

Ce tableau, qui a été jugé un des plus précieux du Corrège par l'académie de peinture de Berlin, comme le prouvent les certificats des académiciens, avait été donné par Frédéric II à l'un de ses chambellans, de la famille duquel il a passé dans le cabinet de M. Massias.

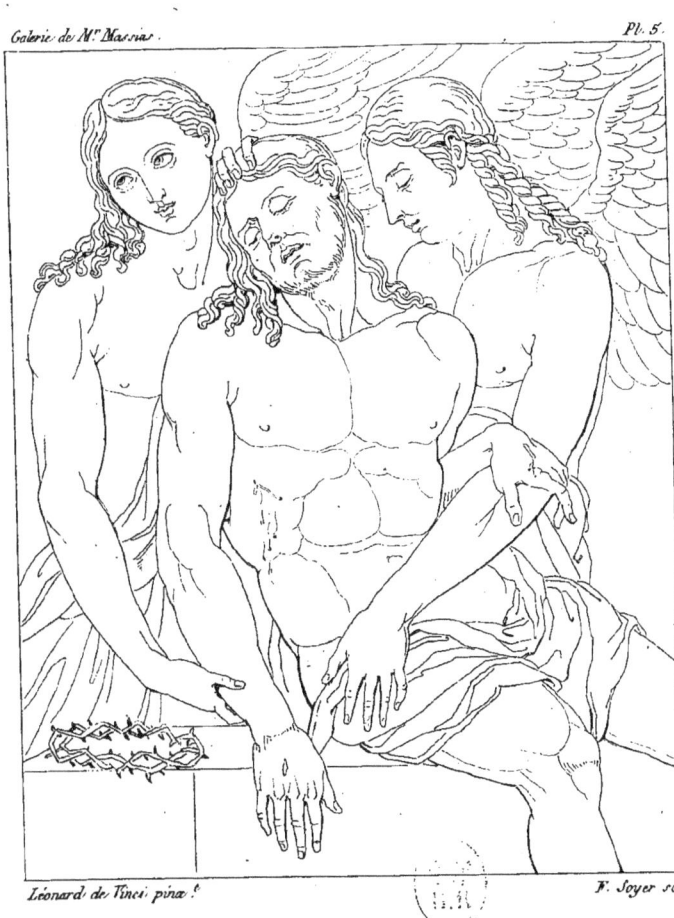

Planche cinquième. — *Le Christ mort, soutenu par deux Anges*; *Tableau* de Léonard de Vinci.

Peint sur bois ; hauteur 2 pieds 2 pouces, largeur 1 pied 8 pouces.

Un jour mystérieux et adroitement ménagé, un coloris austère, et en quelque sorte sinistre, contribuent singulièrement à l'expression de cette scène touchante, pleine d'abandon et de naturel. La tête du Christ est fortement prononcée. Celles des Anges laissent désirer une émotion plus vive. Le dessin des nus est coulant et même un peu grêle, et les bras ne présentent peut-être pas des formes assez soutenues. Le principal mérite de ce morceau consiste dans la sagesse de la composition, dans la vigueur de l'harmonie générale, et dans la finesse de quelques détails qui décèlent une main habile.

« Mengs, dit Lanzi, dont nous aimons à citer les
« jugemens, Mengs a observé avant moi que personne
« n'a surpassé Léonard dans la grande force du clair-
« obscur. Il regardait la lumière comme une pierre
« précieuse qu'il ne fallait pas prodiguer et qu'on
« devait réserver pour l'occasion. Delà vient cette
« grande force de relief qu'on admire dans ses ou-
« vrages et dans ceux de ses disciples, et au moyen
« de laquelle tout ce qu'ils peignent, les têtes parti-
« culièrement, semblent se détacher du fond. Tout
« en s'occupant du fini le plus précieux, il donna,
« comme l'observe aussi le chevalier Mengs, les prin-
« cipes du grandiose; et il fit les études les plus pro-
« fondes sur l'expression, qui est la partie philoso-

« phique et la plus sublime de la peinture ; et, qu'il
« me soit permis de le dire, il aplanit la voie à
« Raphaël lui-même.... Comme, dans l'emploi des
« ombres, il allait par gradation des plus faibles aux
« plus fortes, de même dans ses grandes compositions
« il allait toujours en croissant dans l'expression des
« mouvemens de l'âme. Il observe la même gradation
« pour la grâce, qu'il sut peindre le premier, car,
« avant lui, les peintres ne la distinguaient pas de la
« beauté. »

Gal. de M.r Massias.   Pl. 6.

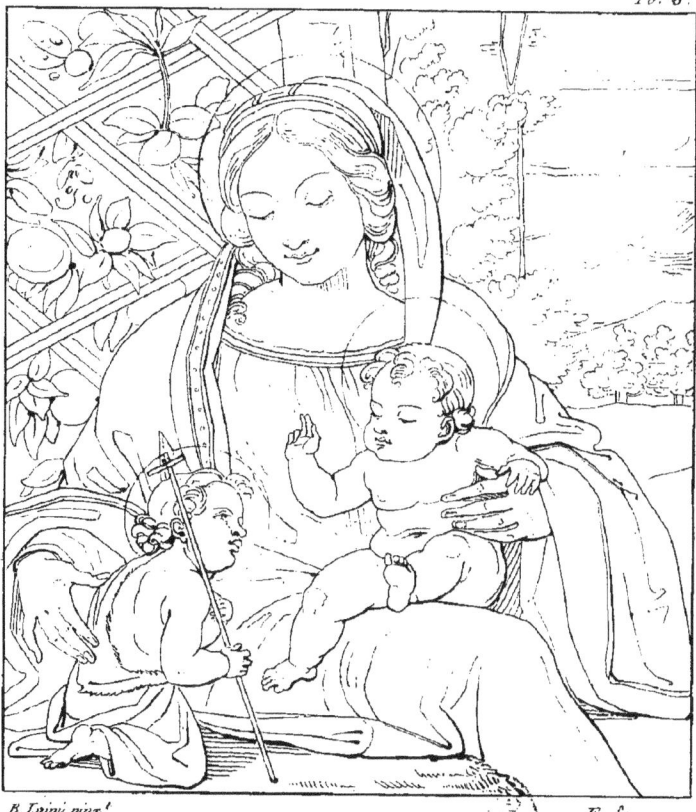

B. Luini pinx.   F. Soyer sc.

(17)

Planche sixième. — *La Vierge, l'Enfant-Jésus, et Saint Jean. Tableau* de Bernard Luini.

Peint sur bois; hauteur 2 pieds, largeur 1 pied 6 pouces.

L'enfant-Jésus, assis sur les genoux de sa mère, donne sa bénédiction au petit saint Jean, qui lui rend hommage. Derrière la figure de la Vierge on aperçoit un treillage garni de fruits. Le lointain est borné par de hautes montagnes.

Bernard Luini, le plus célèbre imitateur de Léonard de Vinci, se rapproche singulièrement de son modèle pour le goût de la composition, le caractère des formes, et la délicatesse du coloris. On peut dire aussi qu'il a quelque conformité avec Raphaël pour la douceur et la finesse de l'expression. Si Luini n'eût pas été distrait par d'autres études, s'il se fût moins attaché au fini qui se reproduit dans tous ses ouvrages, s'il les eût soutenus par un dessin plus nourri et une plus grande énergie de pinceau, son style se serait en quelque sorte identifié avec celui du grand peintre, dont il rappelle souvent la grâce et l'aménité.

Ces observations naissent de l'examen du charmant tableau dont nous présentons ici l'esquisse. Les traits de la Vierge expriment une douce joie et un sentiment de modestie; ceux de l'Enfant divin, une naïveté enchanteresse. L'empressement du petit saint Jean est plein de candeur, et d'une agréable simplicité.

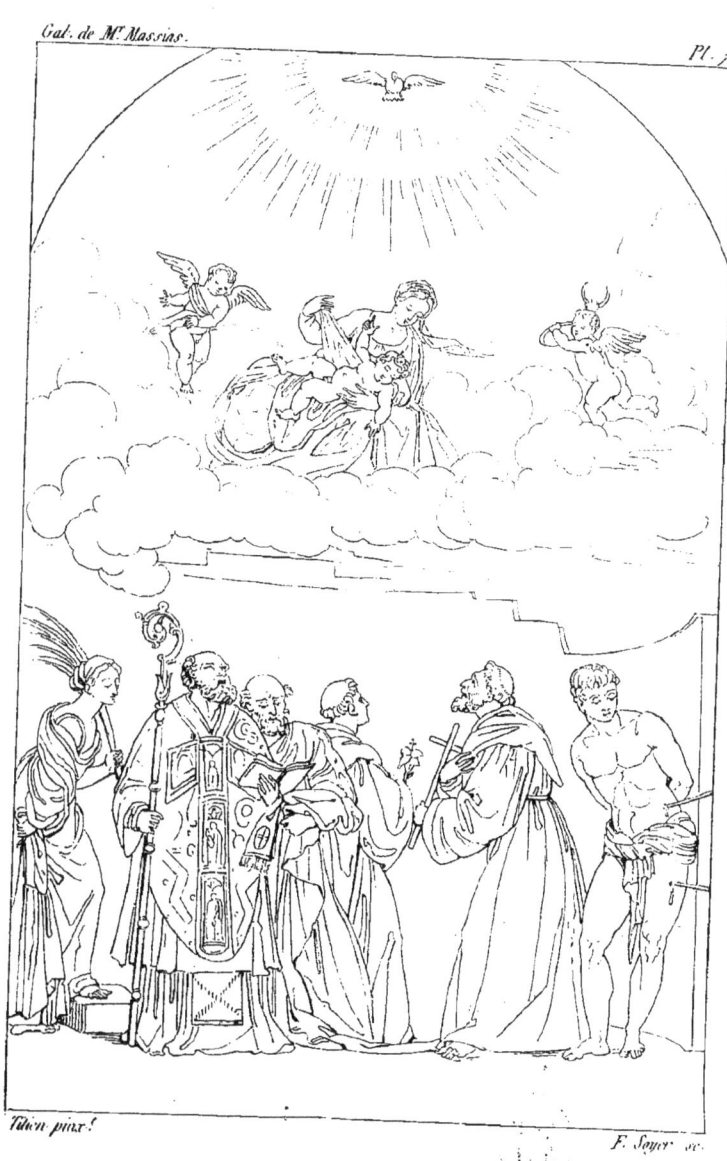

Planche septième. — *La Vierge et plusieurs Saints.*
Tableau du Titien.

Peint sur toile ; haut. 5 pieds 6 pouces, larg. 3 pieds 6 pouces.

Saint Nicolas, en habits pontificaux, S. François et un autre chef d'ordre monastique, implorent la Vierge et l'Enfant-Jésus qui leur apparaissent dans le ciel. On voit l'Esprit-Saint, sous la forme d'une colombe, planer au milieu d'une gloire qui couronne cette composition purement mystique.

Ce morceau, d'un grand caractère pour la disposition du sujet, l'expression des têtes et le style des draperies, remarquable surtout par la richesse et la vigueur du coloris, offre encore le mérite d'un pinceau tout à-la-fois large et étudié, et un état de parfaite conservation. On trouve dans la figure du saint Sébastien les qualités qui distinguent les chefs-d'œuvre du chef de l'école vénitienne.

Les principaux ouvrages du Titien ont été exécutés à Venise, et celui dont nous donnons ici le trait est le petit du grand qu'il peignit dans cette ville pour l'église de Saint-Nicolas. Il fut en suite transporté à Rome, où il doit être encore. Le bas du petit tableau présente quelque différence avec le grand, dont il existe une gravure en bois que l'on dit être de la main de Rubens.

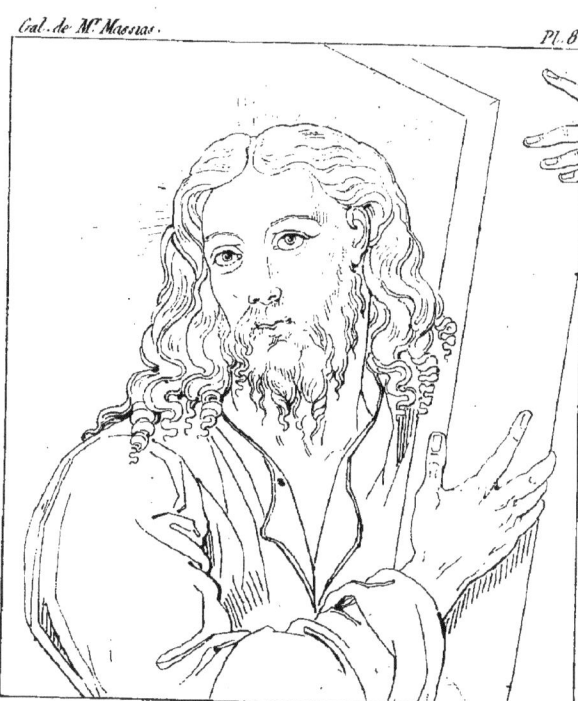

Sebastien del Piombo pinx.'   F. Soyer sc.

Planche huitième. — *Le Christ portant sa croix.* Tableau de Sébastien del Piombo.

Peint sur bois; hauteur 22 pouces, largeur 16 pouces.

Ce tableau, digne de Raphaël pour la pureté des contours et la noblesse de l'expression; digne du Titien ou du Corrège pour la vérité, la vigueur et l'harmonie des teintes, aurait pu être attribué au premier de ces trois grands artistes, si le coloris ne présentait en même temps une légèreté et une transparence que n'offrent pas les peintures de Raphaël, dont les couleurs sont plus généralement empâtées. Il est juste d'ajouter que cette production l'emporte sur celles du Corrège et du Titien, pour la correction, le goût et l'élévation du style.

Les traits du Sauveur, le col, les mains sont d'un très-beau caractère et de l'exécution la plus étudiée et la plus précieuse. Le même fini se fait remarquer dans les cheveux, dans la barbe et dans quelques autres parties rendues avec ce soin particulier qui annonce l'amour de l'art et le désir d'arriver à la perfection. La tunique, d'une nuance de pourpre un peu atténuée, et dont le ton est très-clair dans les lumières, est touchée vivement et avec une grande liberté de pinceau.

On pourrait douter qu'un morceau aussi complet dans toutes ses parties soit de la main d'un peintre plus renommé par la beauté du coloris que par la science du dessin, si l'on ne se rappelait l'intimité qui régnait entre Sébastien del Piombo et Michel-Ange. On sait que, dans les querelles qui s'élevèrent à Rome entre ce dernier et Raphaël, Sébastien ayant pris le parti de Michel-Ange contre son rival, cette préférence lui attira l'amitié du chef de l'école florentine, qui l'aida dans la suite de ses conseils. Il lui donnait en petit l'idée de ses tableaux : souvent même il dessinait en grand ses figures sur la toile. On cite plusieurs morceaux exécutés de cette manière, entr'autres l'Enlèvement de Ganymède, et la Résurrection du Lazare, qui faisaient autrefois partie de la collection du duc d'Orléans.

Sébastien peignit ce dernier tableau en concurrence de celui de la Transfiguration par Raphaël, et obtint les plus grands éloges sous le rapport du coloris qui en est admirable. Raphaël ne fut cependant pas vaincu dans cette lutte; ses grandes qualités prévalurent. On rapporte même qu'il dit à ce sujet à son ami l'Arétin : *Poca lode sarebbe a me di vincere uno che non sa disegnare.*

Tout porte à croire que le dessin de cette belle demi-figure du Christ tenant sa croix, est de la main même de Michel-Ange, et que Sébastien a mis à la peindre et à la terminer cette vigueur de coloris qu'il tenait du Giorgivon, et cette perfection de pinceau qui fait d'autant plus rechercher ses ouvrages qu'il n'en a pas produit un très-grand nombre. Ayant obtenu du pape l'office de *fratel del Piombo*, sitôt qu'il fut revêtu de l'habit religieux, il n'exerça plus la peinture et s'occupa à faire des vers. Sa maison était remplie de savans. Il dépensait beaucoup pour sa table, n'épargnait rien pour se satisfaire; et comme il était dans une très-grande aisance, quelque prix qu'on lui donnât de ses ouvrages, il croyait qu'on ne les payait point assez.

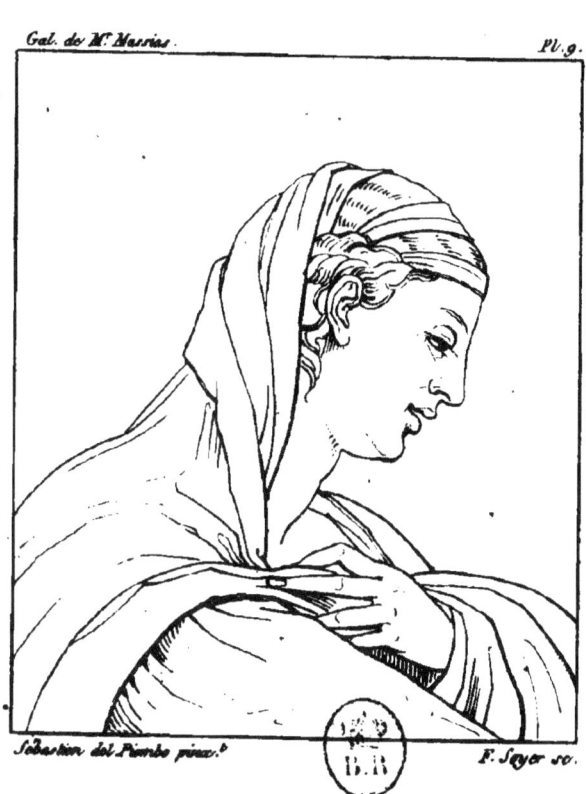

Planche neuvième. — *Tête de Vierge.* Par Sébastien del Piombo.

Peint sur bois ; haut. 1 pied 8 pouces , larg. 1 pied 4 pouces.

Cette tête de Vierge, où l'on trouve tout à-la-fois un grand caractère de dessin, un coloris frais et brillant, une touche large et fondue, est traitée dans un autre goût que la demi-figure du Christ qui fait le sujet de l'article précédent. Dans celle-ci les détails participent plus essentiellement de la masse générale, et semblent s'y confondre. Ces deux manières, très-distinctes, ont chacune leurs partisans. La première est peut-être plus désirable dans un tableau qui ne représenterait qu'une tête ou une demi-figure. La seconde est plus expéditive, peut-être plus savante, et le peintre en obtient le même effet dans une grande composition, qui doit être placée loin de l'œil.

Le morceau d'étude dont nous donnons ici le trait, a servi, selon toute apparence, pour le tableau de la *Visitation de la Vierge*, qui faisait partie du Musée du Louvre, et nous a semblé supérieur au tableau même, non-seulement pour le moëlleux de l'exécution, mais encore pour la conservation de la peinture.

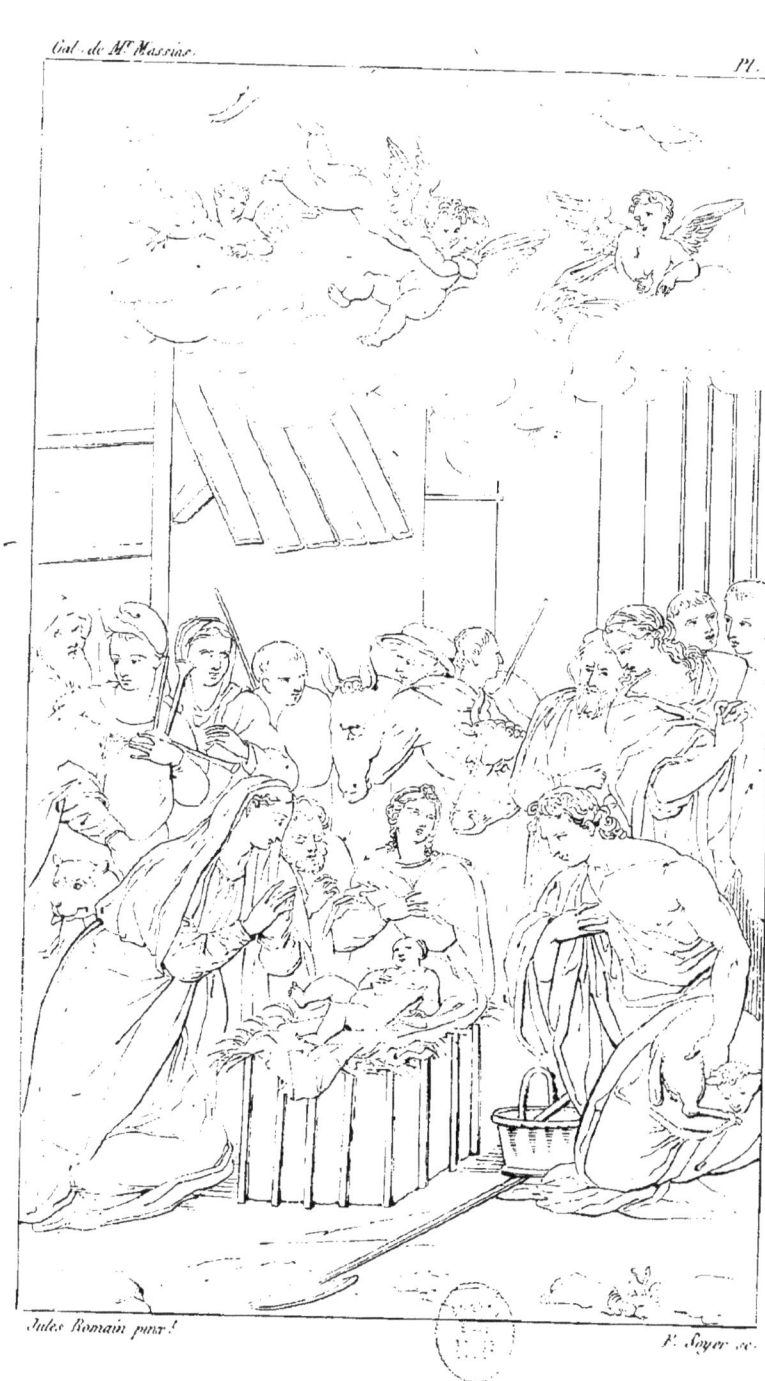

Planche dixieme. — *L'Adoration des Bergers. Tableau de* Jules Romain.

Peint sur toile ; hauteur 3 pieds 5 pouces, largeur 2 pieds 3 pouces.

La composition de ce tableau offre ce caractère de naïveté et de simplicité qui s'allie avec la noblesse et l'élégance du style dans la disposition des groupes et le mouvement des figures. C'est ce genre de perfection qui distingue particulièrement deux des principales écoles d'Italie, l'école romaine et l'école bolonaise. La première reconnaît pour chef Raphaël ; les Caraches ont illustré la seconde. Nous ne faisons cette remarque que parce que le tableau dont nous donnons ici l'esquisse, attribué (selon le catalogue de M. Massias) à Jules Romain, élève de Raphaël, et selon d'autres à Polidore de Caravage, de la même école, a été donné par quelques amateurs à Louis Carache, l'un des fondateurs de l'école bolonaise, quoiqu'il y ait une grande différence dans la manière de chacun de ces trois maîtres. Mais il y a quelques rapports entre Jules Romain et Polidore de Caravage.

Le musée possédait un seul tableau de ce dernier maître. Comme il provenait de l'ancien cabinet du Roi de France, il fait encore partie de la collection. Il représente l'Assemblée des Dieux ; ce n'est qu'une esquisse peinte en détrempe sur bois, et d'une touche lourde et heurtée. On ne pourrait donc guères, en le comparant à celui dont il est question dans cet article, juger s'ils sont de la même main, tant ils diffèrent pour le mode d'excution ; car ce dernier

Galerie de M. Massias.

est d'un coloris brillant et nourri, d'une touche gracieuse, coulante, soignée, et d'un effet de clair-obscur très-remarquable.

Quant aux tableaux de Jules Romain, dans lesquels on trouve quelque ressemblance de style et de caractère avec celui de la galerie de M. Massias, on peut citer le Triomphe de Vespasien et de Titus, et la Circoncision. Ces deux tableaux, ainsi qu'un sujet de Vulcain et Vénus, mais qui se rapproche beaucoup plus de la manière de Raphaël, et dont la touche est un peu sèche, proviennent également de l'ancien cabinet du Roi (1).

Au surplus, quel que soit l'auteur de *l'Adoration des Bergers*, dont quelques parties sembleraient indiquer le pinceau de Louis Carache, lorsqu'il étudiait encore les ouvrages du Corrège et du Parmesan, on peut le ranger dans la classe des ouvrages d'un mérite distingué.

---

(1) Voyez Annales du Musée, tome 4 et 14.

Gal. de Mr Massias. Pl. 11.

Perrin del Vaga pinx.^t F. Soyer sc.

Planche onzième. — *Le Mariage de sainte Catherine.*
Tableau de Perrin del Vague.

Peint sur bois; hauteur 2 pieds, largeur 1 pied 6 pouces.

Perrin Buonacorsi, né en Toscane, en 1500, de pauvres parens, fut amené fort jeune à Florence, et placé chez un épicier qui fournissait les peintres de couleurs et de pinceaux; Buonacorsi eut occasion de faire connaissance avec quelques élèves qui le prirent en amitié, et, voyant qu'il avait des dispositions pour le dessin, lui en donnèrent les premières leçons. Il devint en peu de temps le plus habile des jeunes gens qui étudiaient alors la peinture à Florence. Un peintre médiocre, nommé Vaga, le conduisit à Rome; c'est du nom de cet artiste qu'on l'a nommé depuis *del Vaga*, que nous prononçons *del Vague*. Un travail assidu le mit bientôt en état de profiter de l'étude des bons modèles qu'il avait sous les yeux. Il s'attacha particulièrement aux peintures de Michel-Ange et à celles de Raphaël, qui le jugea digne de l'aider dans l'exécution de ses différens ouvrages. Il y a plusieurs morceaux de sa main dans les loges du Vatican, entr'autres le Passage du Jourdain, la Chute des murs de Jéricho, le Combat de Josué, la Nativité de N. S., le Baptême et la Cène.

Après la mort de Raphaël, Perrin del Vague s'associa avec Jules Romain et Francesco Penni, surnommé il Fattore, pour les ouvrages qui restaient à faire au Vatican; il épousa la sœur de ce dernier. Mais le sac de Rome par les Espagnols, en 1527, les sépara. Perrin fut fait prisonnier, et sa liberté lui coûta une rançon considérable. Il travailla à Gênes et à Pise, allant successivement de l'une à l'autre ville, et se fixa enfin à Rome, où le pape Paul III et le cardinal Farnèze le chargèrent de plus de travaux qu'il n'en pouvait exécuter. Il les faisait faire sur ses dessins par d'autres peintres assez habiles pour bien rendre ses idées. Le pape ayant fait venir à Rome le Titien, qui jouissait de la plus haute renommée, Perrin del Vague en conçut tant de jalousie, que, par ses manœuvres, il obligea ce grand peintre à quitter cette ville. Epuisé par le travail, il devint, à l'âge de quarante-deux ans, incapable de la moindre application. Cinq ans après, en 1547, il fut emporté par une apoplexie.

De tous les disciples de Raphaël, Perrin del Vague est celui qui a conservé le plus long-temps la manière du maître. On en trouve quelques traces dans cet agréable tableau du Mariage de sainte Catherine, dont le principal mérite consiste dans la finesse des contours, la simplicité de la composition, et la douceur de l'expression.

Le muséum ne possède aucun tableau de Perrin del Vague. Il y en avait cependant deux de ce maitr dans la collection du Roi; on ne les a pas mis e évidence, et l'on a sans doute eu raison. Le pre mier, représentant la Dispute des Muses avec le Piérides, était peu important, et même d'une ori gine équivoque; car la même composition a été gravé en Italie, sous le nom de Rosso. Le second était u sujet obscène tiré des amours de Mars et de Vénus.

Gal. de M.' Massias. Pl. 22.

Schedone pinx.' P. Soyer sc.

Planche douzième. — *La Vierge, l'Enfant Jésus, S. Jean et S. Joseph. Tableau de* Bartolomeo Schedone.

Peint sur cuivre; hauteur 8 pouces, sur 6 pouces de large.

Nous ignorons si l'auteur a traité en grand cette jolie composition, qui rappelle la grâce et le goût du Corrège. Nous faisons cette remarque, parce que le tableau, d'une très-petite dimension, et touché très-librement, pourrait n'être que l'esquisse ou la première pensée d'un morceau plus considérable. Au surplus, l'exécution en est ferme et décèle la main du maître. L'effet en est large et brillant.

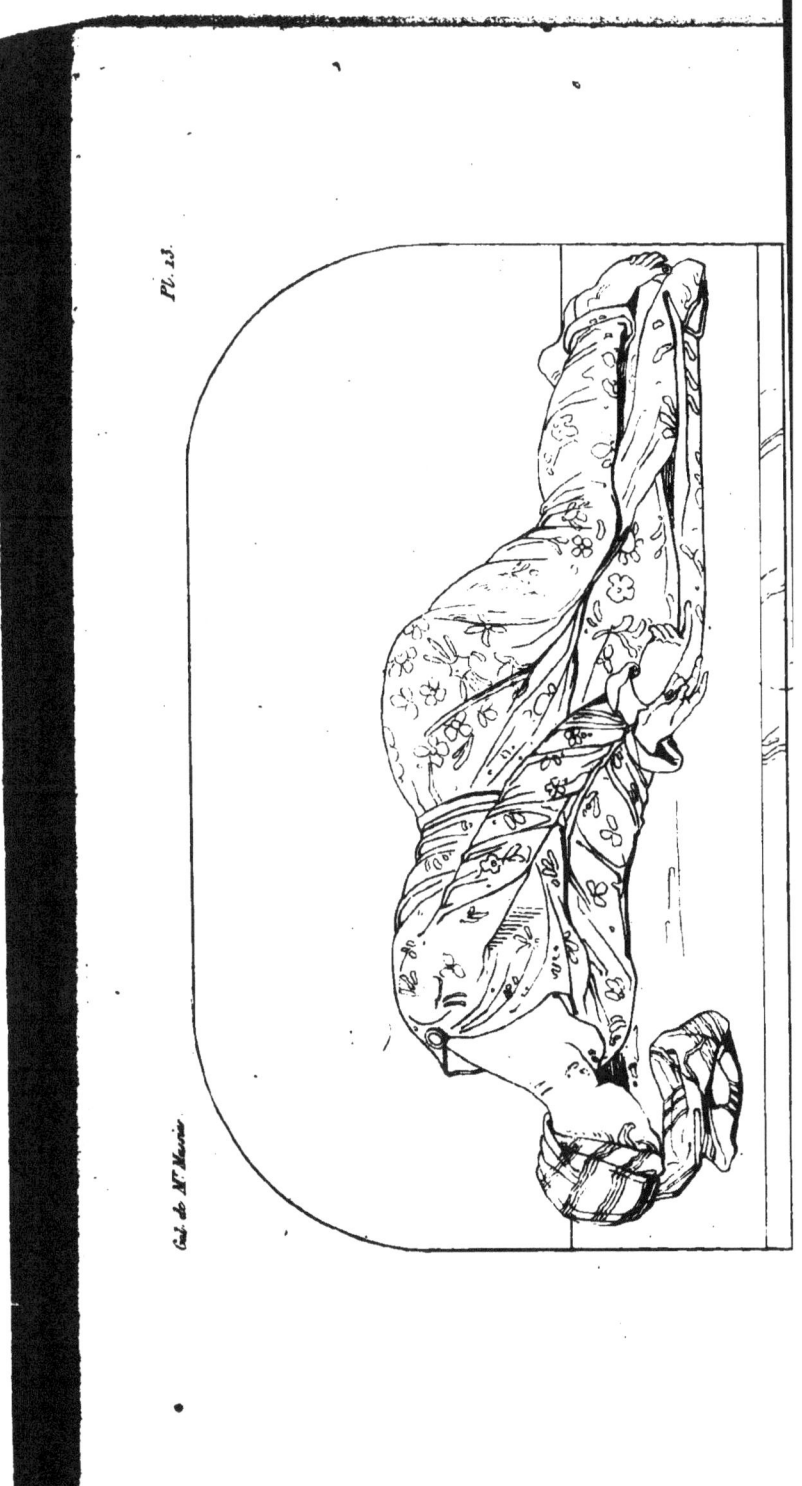

Pl. 15.

Cab. de M.r Mourier.

Planche treizième. — *La mort de sainte Cécile. Tableau du* Dominiquin.

Peint sur toile ; hauteur 3 pieds, largeur 4 pieds 6 pouces.

On dirait que le Dominiquin, par une prédilection toute particulière, a consacré son pinceau aux sujets de l'histoire de sainte Cécile, qui mourut vierge et martyre. Vierge, quoique ses parens lui eussent fait contracter les liens du mariage. Deux des tableaux les plus capitaux de ce peintre représentent, dans l'église de S. Louis, des Français à Rome ; l'un, sainte Cécile distribuant de l'or et des vêtemens aux pauvres ; l'autre, la mort de la sainte, à laquelle un ange apporte la palme du martyre. Elle est entourée d'un grand nombre de spectateurs de tout âge et de tout sexe, émus de divers sentimens, et rend le dernier soupir en élevant ses derniers regards vers le ciel. Ce morceau est admirable, surtout pour la vérité des caractères et la beauté de l'expression. Deux autres tableaux de moindre dimension, placés dans la même église, représentent, l'un, sainte Cécile refusant de sacrifier aux idoles ; l'autre, cette sainte en prière avec Valérien son époux, et recevant des mains d'un ange des palmes et des couronnes. Le plafond de la chapelle qui renferme ces quatre tableaux offre l'apothéose de sainte Cécile. Le modèle ou carton de ce dernier a été apporté en France il y a quelques années, avec plusieurs fragmens des dessins des tableaux précédens. Ils furent déposés au musée et exposés quelque temps dans la galerie d'Apollon. Enfin on connaît le magnifique tableau de sainte Cécile chantant les louanges du Seigneur, figure de grandeur naturelle. Il avait été acheté pour Louis XIV; il fait partie du musée royal.

Celui dont nous donnons le trait représente cette sainte lorsqu'elle vient d'expirer. Frappée de trois coups de hache, elle est tombée avec décence et dignité. Sa main semble encore rendre hommage à la foi. Le peintre, en détournant la tête de la sainte, et ne laissant voir qu'une partie de ses blessures qui, telles qu'un collier de corail, rehaussent la beauté de son col, a sauvé l'horreur du sujet et est parvenu à exciter les mouvemens d'une douce pitié. On pourrait dire que le dessin de cette figure est chaste autant que noble et élégant. Elle est éclairée d'une lumière suave, et le fond est complètement obscur. On peut remarquer que dans tous ses sujets de sainte Cécile, le Dominiquin l'a revêtue d'étoffes brillantes et ornées de broderies, non-seulement pour faire connaître que cette sainte était noble et riche, mais sans doute aussi pour rappeler une ancienne tradition. Lorsqu'en 755, les Lombards firent le siège de Rome, ils violèrent la sépulture de plusieurs saints, et n'avaient point épargné le cimetière où l'on avait enterré sainte Cécile; mais ils cherchèrent son corps inutilement. On ne le découvrit qu'au commencement du 9e siècle. Il était enveloppé dans une robe d'un tissu d'or, et on trouva aux pieds des linges teints de son sang. Le corps de Valérien était dans le même lieu.

On voit à Rome une statue dans la même pose que la figure du tableau; on l'attribue au chevalier Bernin.

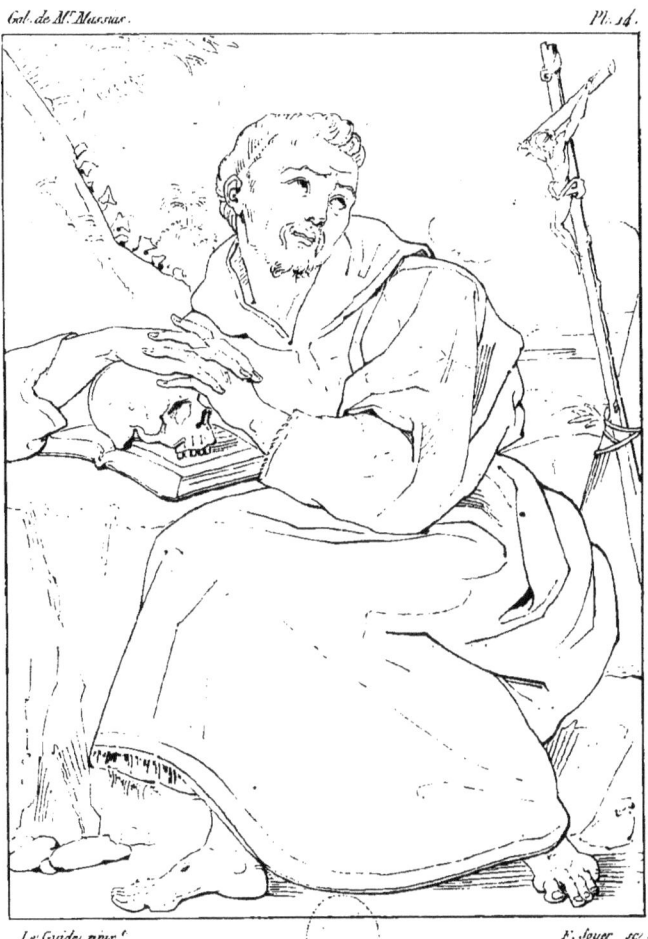

Planche quatorzième. — *Saint François en prière. Tableau* du Guide.

Peint sur bois; hauteur 1 pied, largeur 9 pouces.

Saint François assis, les mains jointes et appuyées sur une tête de mort, contemple avec componction l'image de Jésus crucifié, qui orne l'entrée de sa grotte. Le fond représente un désert. Les pieds et les mains de S. François sont stygmatisés; sa robe est d'une étoffe grossière d'une nuance brun-clair.

Les petits tableaux du Guide sont rares et très-recherchés, surtout lorsqu'ils joignent, comme celui-ci, la finesse, la transparence, la légèreté d'harmonie, et ce ton argentin que l'on ne retrouve que dans les compositions, toutefois bien différentes pour le style, du meilleur temps de David Teniers.

La touche vive et franche de ce tableau annonce un ouvrage fait au premier coup, lequel présente néanmoins tout le fini que l'on peut désirer.

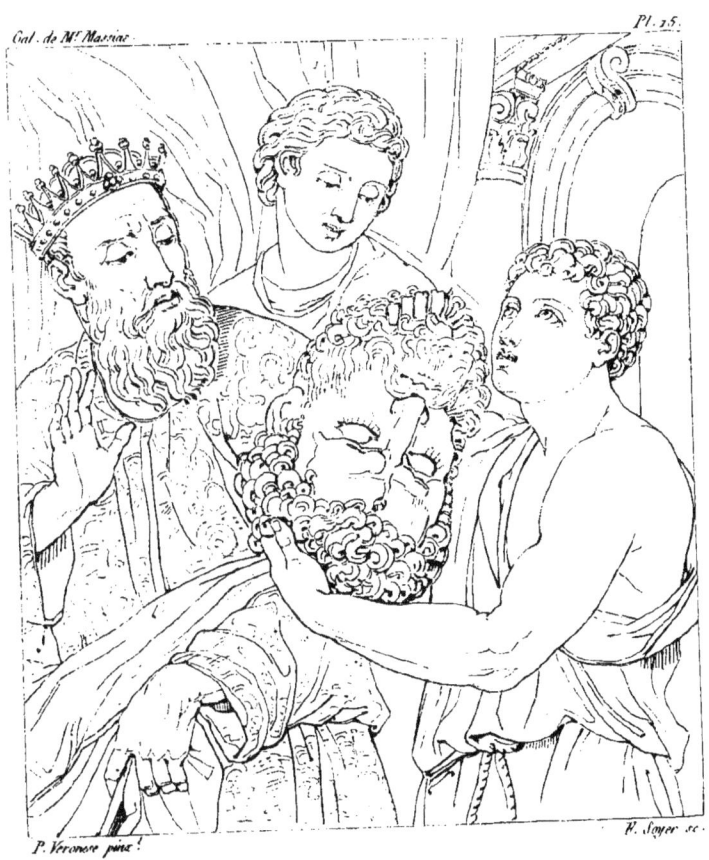

Planche quinzième. — David présente à Saül la tête de Goliath. Tableau de Paul Véronèse.

Peint sur toile; haut. 4 pieds 5 pouces, larg. 3 pieds 2 pouces.

La proportion presque colossale de ces figures, semble ajouter au grand caractère que le peintre a su leur imprimer, quoique ce ne soit pas dans cette partie de l'art qu'il excelle habituellement. La tête de Saül a une grande vivacité d'expression; on dirait que la gloire prématurée du vainqueur de Goliath excite dans son âme quelques mouvemens de haine et de jalousie. Une sorte d'inquiétude se manifeste dans les traits de David, au milieu de la joie que lui cause ce merveilleux trophée de sa victoire.

On retrouve dans ce morceau cette lumière large et vraie, cette vigueur de touche et de coloris qui distinguent spécialement les productions de Paul Véronèse.

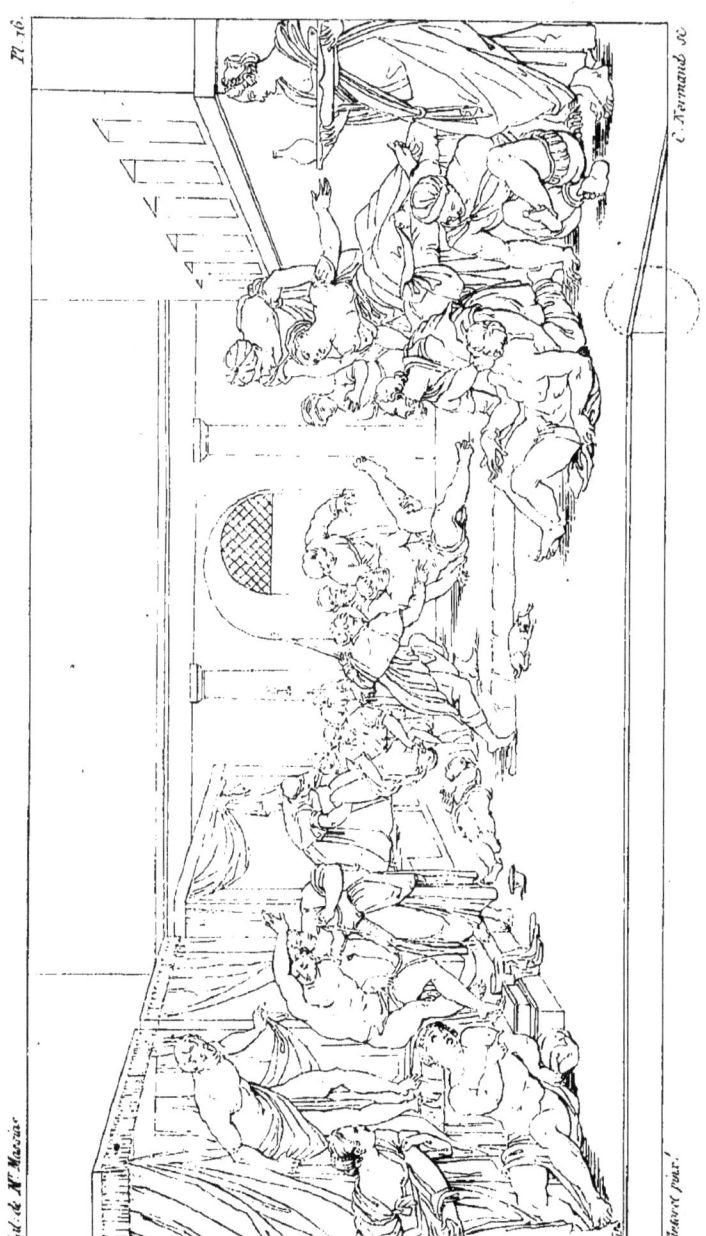

Planche seizième. — *Saint Roch guérissant les pestiférés.*
Tableau du Tintoret.

Peint sur toile ; hauteur 2 pieds 1 pouce, largeur 4 pieds.

Le dessin de Michel-Ange et le coloris du Titien. Telle fut la devise du Tintoret, et si la fougue de son pinceau l'empêcha trop souvent d'atteindre ce noble but, on voit qu'il y dirigea ses efforts, et qu'il eut quelquefois le bonheur d'y atteindre. On n'en peut pas douter lorsqu'on a sous les yeux ce tableau de S. Roch guérissant les pestiférés. Dans le mouvement et dans les attitudes singulières, sans cesser d'être vraies, originales sans être bizarres, de plus de vingt figures savamment groupées, le Tintoret semble avoir voulu se jouer des difficultés du dessin, comme dans la manière dont il les a éclairées, de celles du clair-obscur et du coloris. Dans le groupe de la partie gauche du tableau, trois figures debout rappellent le grand goût de l'antique. Du côté opposé, celles de deux hommes, dont l'un est renversé et l'autre accroupi, semblent un de ses tours de force si familiers à Michel-Ange. Les autres figures du tableau ne sont pas moins belles. Toutes, sans exception, sont d'un excellent style : elles sont drapées avec goût, et savamment coloriées. Un magnifique effet de clair-obscur, un pinceau moëlleux et fini, achèvent de placer cette conception au nombre des peintures les plus rares et les plus dignes d'orner le cabinet d'un amateur du premier ordre. Lorsqu'on n'a vu du Tintoret que les tableaux qui figurent au musée, on est porté à croire que celui-ci est une production très-soignée du crayon et du pinceau de Louis ou d'Annibal Carache, d'après une pensée du Tintoret; et telle eût été notre propre opinion, si le hasard n'eut pas mis sous nos yeux le passage suivant, extrait du Voyage d'Italie, par M. Cambry. Voici comme il s'exprime en parlant de quelques tableaux du Tintoret, peints dans cette manière finie, que l'on ne retrouve que dans un très-petit nombre de ses ouvrages. « Dans l'anti-collège (à Venise), je fus saisi, frappé d'étonnement ; la manière du Tintoret n'est plus la même. Sa fougue est réprimée ; elle n'est plus que le feu du génie. Composition, dessin, couleur, tout est conduit par la sagesse. Le plus beau fini achève d'établir le plus incroyable contraste entre les tableaux que j'ai sous les yeux et ceux du même auteur que j'ai vus hier à Saint-Marc. »

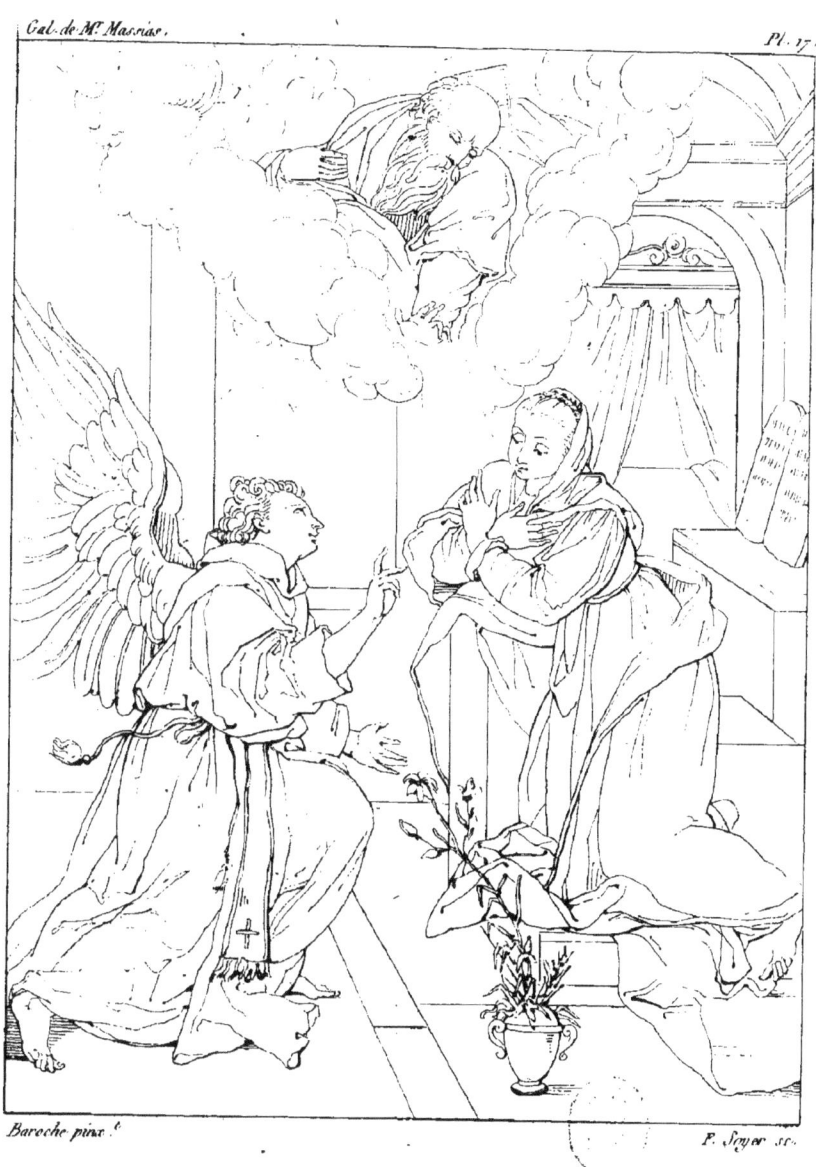

Planche dix-septième. — *La Salutation angélique.*
Tableau du Baroche.

Peint sur cuivre; haut. 1 pied 10 pouces, larg. 1 pied 3 pouces.

Parmi les peintres dont le Baroche médita les ouvrages pour fortifier un talent facile qui ne fut point assez nourri de l'étude de la nature, le Corrège fut incontestablement son maître favori. Il chercha à l'imiter dans la grâce et la douceur des airs de têtes, dans l'accord des couleurs et dans l'ajustement des plis de ses draperies. Il en approcha quelquefois ; mais plus souvent son imitation est maniérée, et il a plutôt saisi les imperfections que les beautés de ce grand peintre.

Ces défauts néanmoins ne se font pas sentir dans le petit tableau qui fait le sujet de cet article. Les têtes sont gracieuses et ne manquent pas de vérité. L'exécution en est finie et légère. Un des principaux mérites de cette agréable composition est dans l'harmonieux accord des teintes, toutes claires, suaves et lumineuses.

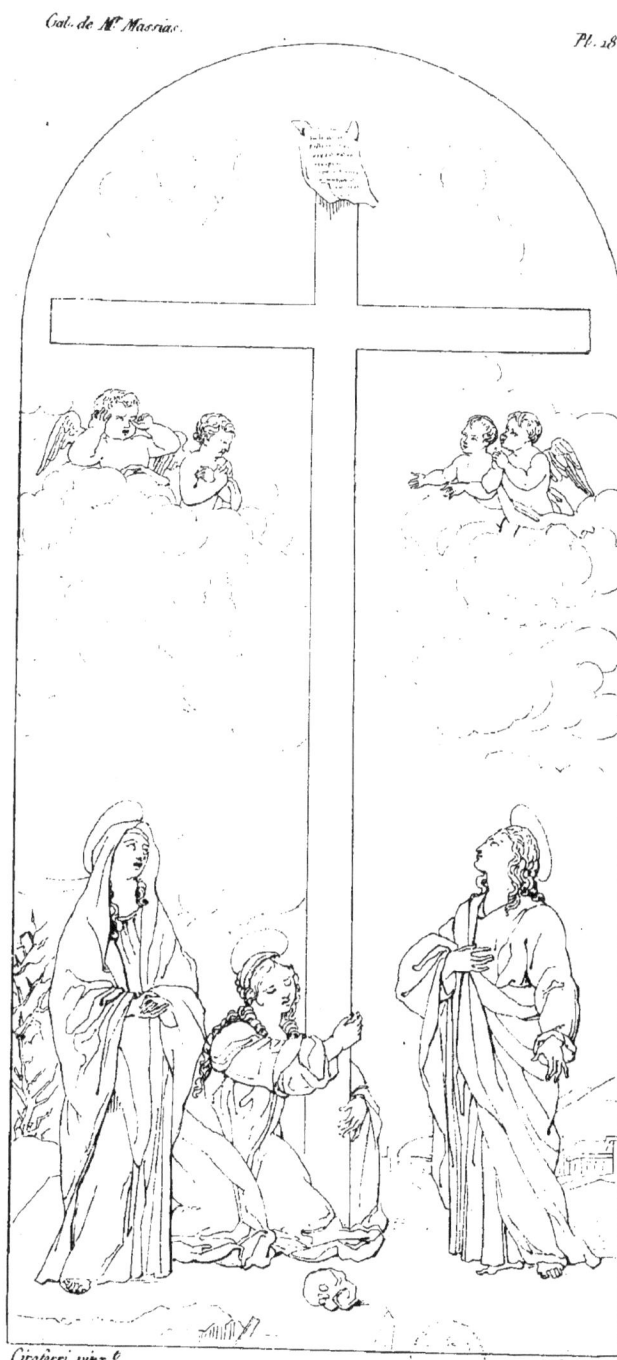

Planche dix-huitième. — *La Vierge, saint Jean et la Madeleine au pied de la croix.* Tableau de Ciro-Ferri.

Peint sur bois; hauteur 2 pieds 2 pouces, largeur 18 pouces.

La Madeleine en pleurs est à genoux au pied de la croix. La Vierge et S. Jean, debout, lèvent tristement leurs regards vers le ciel. Des Anges sont placés dans des nuages, les uns en adoration, les autres exprimant leur douleur.

La composition symétrique de ce tableau, la vue de cette croix debout, où les yeux cherchent en vain le corps du Sauveur qui devrait y être attaché, font présumer que ce morceau n'a été peint que pour donner un moyen de placer sur la croix quelque figure du Christ sculptée de ronde bosse en bois ou en ivoire. Si telle a été l'intention du peintre, ce qui est très-probable, nous doutons que ce mélange de relief et et de peinture ait pu produire un bon effet, et l'on a eu raison de les séparer, quoiqu'il en résulte de la froideur et un manque d'intérêt dans la composition.

Le musée ne possède aucun tableau de Ciro-Ferri.

Né avec un grand amour de son art, une extrême facilité dans le travail, et une fortune assez considérable, qui le mettait au-dessus du besoin, cet artiste aurait peut-être obtenu un des premiers rangs dans la peinture, s'il ne fut pas né à une époque où elle commençait à tomber dans un dépérissement funeste et voisin d'une chute très-prochaine. Elève et imitateur de Pietre de Cortone, Ciro-Ferri eut les défauts de son maître et n'eut pas le bonheur de les racheter par quelques-unes de ces qualités aimables qui excitent l'indulgence. Cependant Ciro-Ferri a produit plusieurs ouvrages estimés dont les principaux sont à Florence. Il y a saisi la manière de Piètre de Cortone, qui avait laissé quelques plafonds à faire au palais Pitti, avec tant d'adresse, que tout paraît être de la même main.

Ciro-Ferri, mort de chagrin, en 1689, à l'âge de cinquante-cinq ans, jouit durant sa vie de la faveur des grands et de toute la considération que procure la renommée ; mais, comme nous venons d'en faire l'observation, le goût et les talens étaient singulièrement dégénérés dans les écoles d'Italie : cependant à la même époque l'art semblait renaître en France.

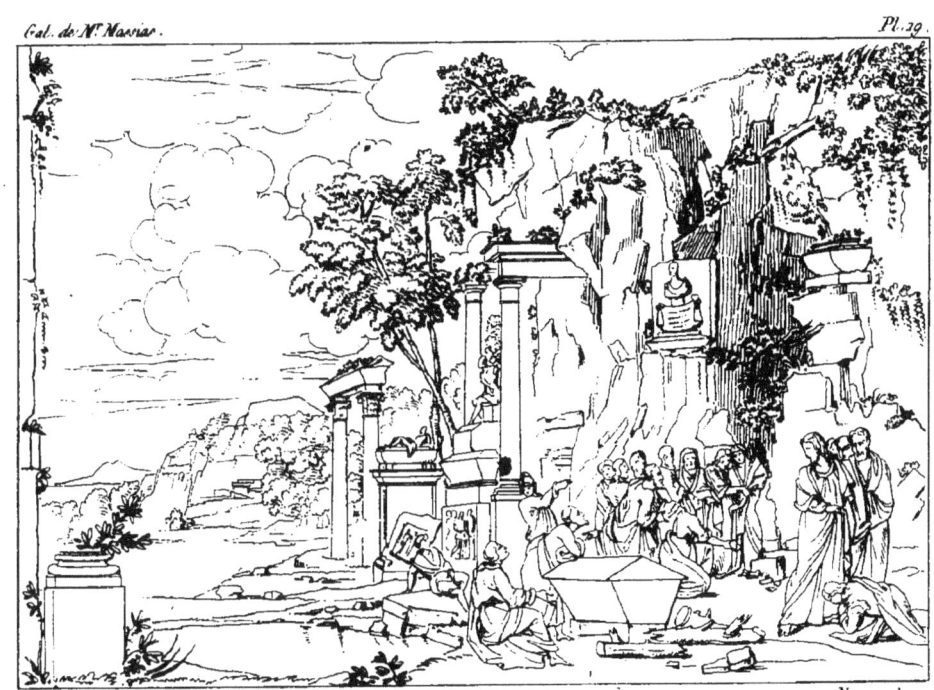

Planche dix-neuvième. — *La Résurrection du Lazare.* **Tableau** de Salvator Rosa.

Peint sur toile ; haut. 4 pieds 6 pouces, larg. 5 pieds 6 pouces.

Sur le devant d'un riche paysage orné des ruines d'un temple qui s'élève à l'entrée d'une grotte, Salvator Rosa a représenté la Résurrection du Lazare, sujet qui convenait parfaitement au génie et au talent de ce peintre. Le Lazare, pâle et debout, à peine rendu à la vie, apparaît comme un fantôme au sortir du tombeau. Jésus, après avoir opéré le miracle, s'éloigne avec ses disciples, et se dérobe à la reconnaissance de Marie et à l'admiration des spectateurs.

Ce tableau, d'un effet vigoureux, est peint avec beaucoup de force et de chaleur

Galerie de M.^r aïassias.　　　　　　　　Pl. 20.

A. Mantegna pinx.^t　　　　　　　　F. Soyer sc.

Planche vingtième. — *La Madeleine. Tableau* d'André Mantegna.

Peint sur bois ; hauteur 1 pied 3 pouces, largeur 11 pouces.

André Mantegna est un de ceux qui ont le plus illustré la peinture à une époque qui n'était pas encore très-éloignée de la renaissance de cet art en Italie. S'il ne l'a pas porté aussi loin que l'ont fait peu de temps après lui Raphaël, le Titien et le Corrège (on croit que ce dernier a été son élève), du moins il leur laissa pour exemple des ouvrages auxquels il ne manquait que ce dernier degré de science et d'habileté qui distingue les chefs-d'œuvre des plus grands peintres. Les ouvrages d'André Mantegna se font remarquer par la correction du dessin, l'heureuse disposition des figures, la fidélité de la perspective, et par cette simplicité, on pourrait dire cette sécheresse de pinceau et de coloris assez ordinaire aux anciens artistes occupés d'une exacte imitation de la nature, jusque dans ses moindres détails.

Les trois tableaux que le musée possède de la main d'André Mantegna se composent d'objets de petite proportion. Celui dont nous donnons ici le trait a l'avantage d'offrir une figure de grandeur naturelle, où l'on peut juger plus facilement les défauts ainsi que les qualités du maître. Ce morceau est précieux et bien conservé.

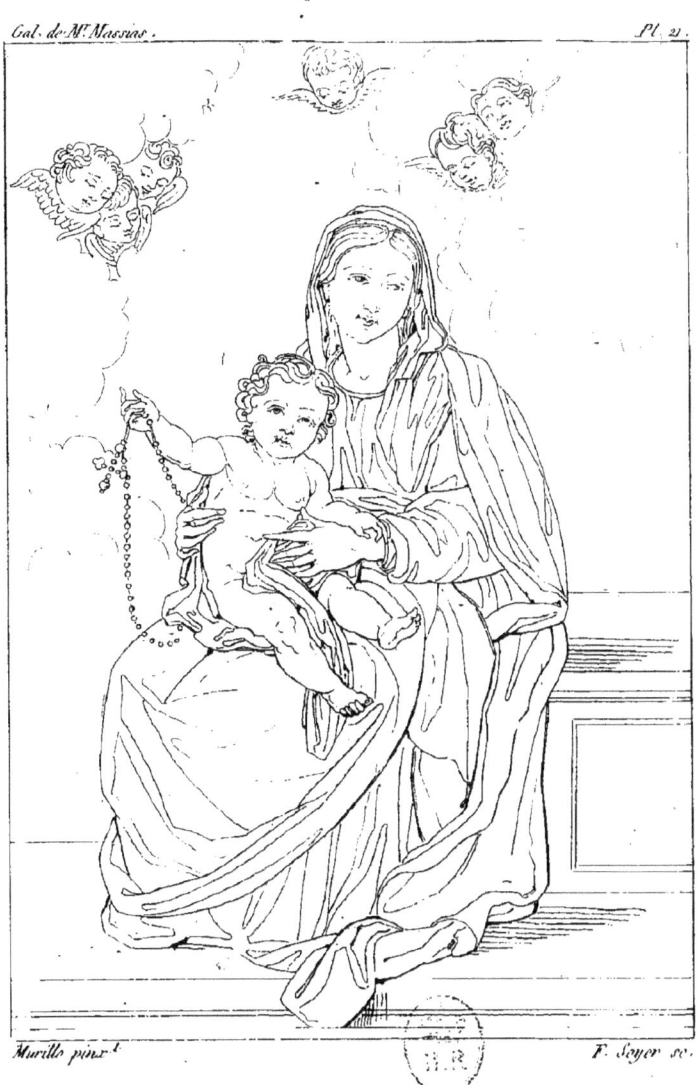

Planche vingt-unième. — *La Vierge au Rosaire.*
Tableau de Murillo.

Peint sur toile : haut. 5 pieds 6 pouces, larg. 3 pieds 1 pouce.

Murillo, né à Pilas, à quelques lieues de Séville, n'est jamais sorti de son pays, et son plus grand voyage a été celui de Madrid, où Velasquez, son compatriote et premier peintre du roi, lui facilita le moyen de voir les beaux tableaux de l'Escurial et des autres maisons royales. Il lui obtint en même temps la permission de copier les ouvrages du Titien, de Rubens et de Vandyck, qui lui enseignèrent la route du coloris. Murillo y joignit la pratique du dessin, d'après les belles statues antiques; et s'il n'atteignit pas dans cette partie de l'art le même degré de perfection, on ne saurait dire qu'il n'y ait pas fait preuve d'habileté. Il ne lui a manqué qu'un peu plus de correction, de noblesse, et un choix plus heureux dans ses airs de têtes; mais on y trouve des carnations admirables, un pinceau frais et moëlleux, et surtout un caractère de vérité qui enlève tous les suffrages : on l'a surnommé le Vandyck espagnol. Il s'attacha à la manière de Paul Véronèse, et souvent on confondit leurs ouvrages. Aussi règne-t-il une grande variété de style dans les ouvrages de Murillo. Mais le tableau dont nous donnons ici l'esquisse est de son plus beau faire : les poses en sont naturelles, les têtes respirent; l'effet général est lumineux et plein d'harmonie. Ce morceau est un des plus beaux de la collection.

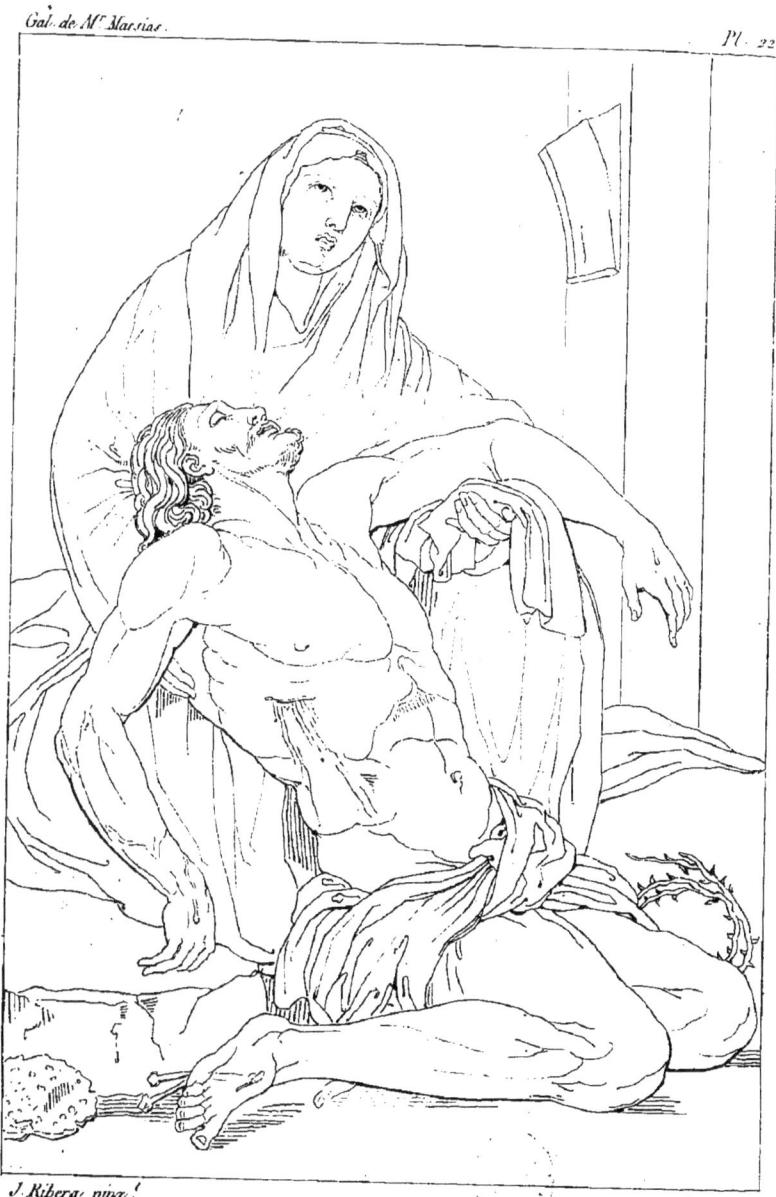

Planche vingt-deuxième. — *Le Christ mort, soutenu par la Vierge. Tableau* de Joseph de Ribera.

Peint sur toile : haut. 5 pieds 6 pouces, larg. 3 pieds 6 pouces.

Plus heureux que Murillo, dont il a été question dans l'article précédent, Joseph de Ribera, dit l'Espagnolet, né à Xativa, ville des environs de Valence, fut envoyé fort jeune en Italie. Il étudia à Parme les ouvrages du Corrège, passa quelque temps à Rome, et se retira ensuite à Naples où il acquit une si grande réputation, qu'il fut regardé comme le premier peintre de ce royaume. L'envie qu'eut Ribera de faire tomber les ouvrages du Dominiquin, dont il était devenu jaloux, le fit changer de manière, et il suivit celle du Caravage, dont la vigueur surprenante affaiblissait toutes les autres peintures. Cette manière convenait singulièrement au génie de Ribera, qui le portait à rechercher les sujets terribles et repoussans, tels que les Ixion, les Tantale, les Prométhée, dans le profane ; dans le sacré, les martyrs de S. Barthélemy, de S. Etienne, de S. Laurent, etc. Il faut convenir que ces morceaux, qui n'ont contre eux que l'horreur du sujet, sont pleins d'une si grande vérité, qu'on ne saurait aller plus loin. Mais il n'y faut chercher ni grâce ni noblesse. On pourrait néanmoins citer plusieurs ouvrages de ce maître dans lesquels il a montré un meilleur choix, un goût moins trivial, une expression plus relevée. Le tableau dont nous donnons ici le trait en offre la preuve. La figure du Christ n'est pas dépourvue de dignité, et les traits de la Vierge expriment bien la douleur maternelle.

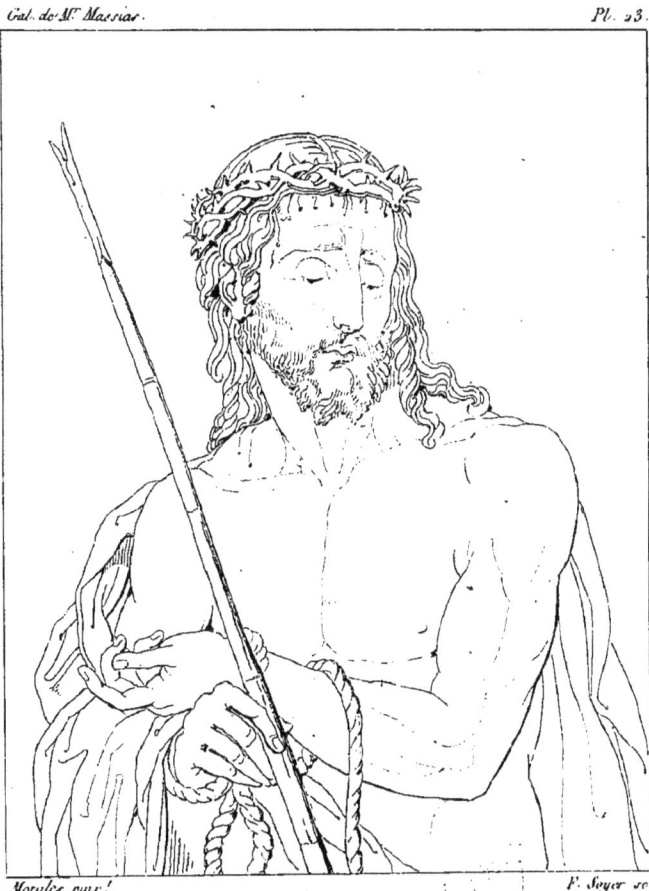

Gal. de Mr. Massias.   Pl. 23.

Morales pinx.‏   F. Soyer sc.

Planche vingt-troisième. — *Ecce Homo. Tableau* de Moralès.

Peint sur bois : haut. 2 pieds 2 pouces, larg. 1 pied 6 pouces.

Moralès, né à Badajos, ville capitale de l'Estramadure, a été disciple de Pierre Campana, et surnommé le Divin (el Divino), non pas pour l'excellence de ses talens, comme on pourrait le croire, mais parce qu'il n'a peint dans toute sa vie que des sujets de sainteté. On n'a guères vu d'ouvrages de ce peintre qui aient excédé la grandeur d'une tête ou d'une demi-figure. La délicatesse, la hardiesse et le goût le feront toujours reconnaître ; la nature s'y montre dans toute sa vérité. Chez lui tout parle, tout semble respirer. Il excellait surtout à peindre les cheveux. On a dit qu'il en imitait si bien le naturel, qu'ils paraissaient être en mouvement lorsqu'on soufflait dessus.

Moralès fit plusieurs voyages à Séville, à Madrid et à Cordoue, et revint mourir à Badajos en 1586, à l'âge de soixante-dix-sept ans. Ses ouvrages sont répandus dans toute l'Espagne, et des peines très-sévères étaient portées contre ceux qui auraient tenté d'en faire sortir du royaume. Ainsi il est vraisemblable que le tableau dont nous donnons ici l'esquisse est le seul qui existe en France, car on ne peut pas citer comme un ouvrage de Moralès l'*Ecce Homo* qu'on a vu dans ces derniers temps au musée du Louvre, et qui n'est qu'une très-lourde et très-infidèle copie de celui-ci.

Mais la difficulté de rencontrer les productions de

ce maître n'est pas ce qui en fait le principal mérite : le coloris en est fin et suave comme le serait le coloris du Corrège, joint à celui de Léonard de Vinci. Cette tête de Christ est exécutée du pinceau le plus fini et en même temps le plus harmonieux ; et si toutefois elle laisse quelque chose à désirer, ce ne serait qu'un peu plus d'idéal dans les traits ; l'expression en est forte, vraie, profonde, concentrée; on ne peut la considérer sans être vivement ému et sans éprouver une sensation pénible et douloureuse.

On cite parmi les principaux ouvrages de Moralès un *Ecce Homo* qu'il peignit dans l'église du Précieux Sang de N. S. à Madrid. Nous ignorons quel rapport ce tableau peut avoir avec l'*Ecce Homo* qui fait le sujet de cet article. Il fit pour la même église un tableau représentant N. S. et S. Pierre qui le prie, figure de demi-nature, et pour celle des Iéronimites un Portement de croix. La sainte Véronique qui est dans l'église des Trinitaires de Madrid passe pour son chef-d'œuvre. On voit aussi plusieurs tableaux de sa main dans la cathédrale de Séville.

Il paraît que les ouvrages de Moralès, quoique très-recherchés, contribuèrent peu à sa fortune, et qu'il vécut dans l'indigence. On raconte que Philippe II, passant à Badajos, voulut voir ce peintre célèbre, et que, touché de l'état où il le vit, il lui donna une pension de 200 ducats, afin, dit-il, qu'un artiste aussi célèbre eût au moins de quoi dîner. Eh ! sire, reprit Moralès, que m'accorderez-vous pour mon souper ? Le monarque augmenta sur-le-champ la pension de 100 ducats.

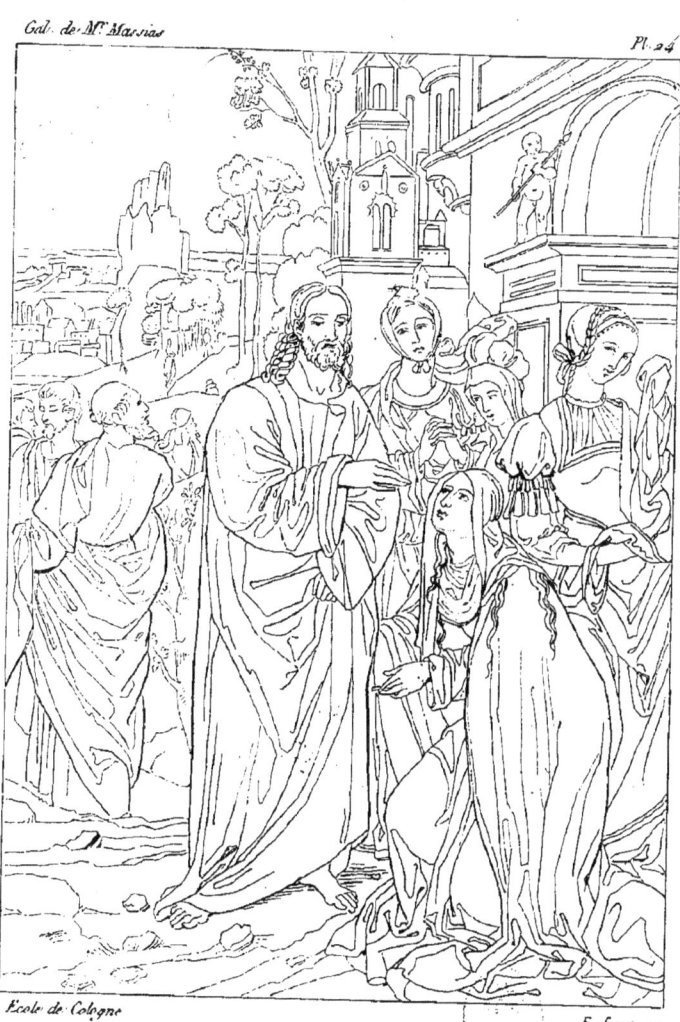

Écolé de Cologne

Planche vingt-quatrième. — La Cananéenne aux pieds de Jésus. Tableau de l'école de Cologne.

Peint sur bois : hauteur 3 pieds 6 pouces, largeur 2 pieds.

Il est un fait intéressant dans l'histoire de l'art, et qui peut-être n'est pas généralement connu. A l'époque où Van Eyck, Lucas de Leyde, Luc Kranack et quelques autres employaient dans leurs tableaux (remarquables néanmoins pour la beauté des couleurs et la vérité de l'imitation) un dessin maigre et anguleux, des draperies roides et dont les plis étaient cassés; en un mot, dans l'origine et sous le règne du style gothique, il existait à Cologne une école qui, pour la sagesse de l'ordonnance, la dignité de l'expression et le jet des draperies, semblait se rapprocher du style grec. Le cabinet de MM. les frères Boisserée, à Heidelberg, amateurs très-distingués, en renferme plusieurs morceaux très-curieux. Ils se proposent de donner l'histoire de cette école.

Le tableau de la Cananéenne aux pieds de Jésus-Christ offrirait, sous les mêmes rapports, de l'intérêt aux personnes jalouses de réunir les objets qui peuvent servir à la chronologie de l'art. La figure du Christ, celles des femmes qui l'implorent, et des Apôtres qui l'accompagnent, annoncent la renaissance du bon goût dans la composition et dans le choix des caractères.

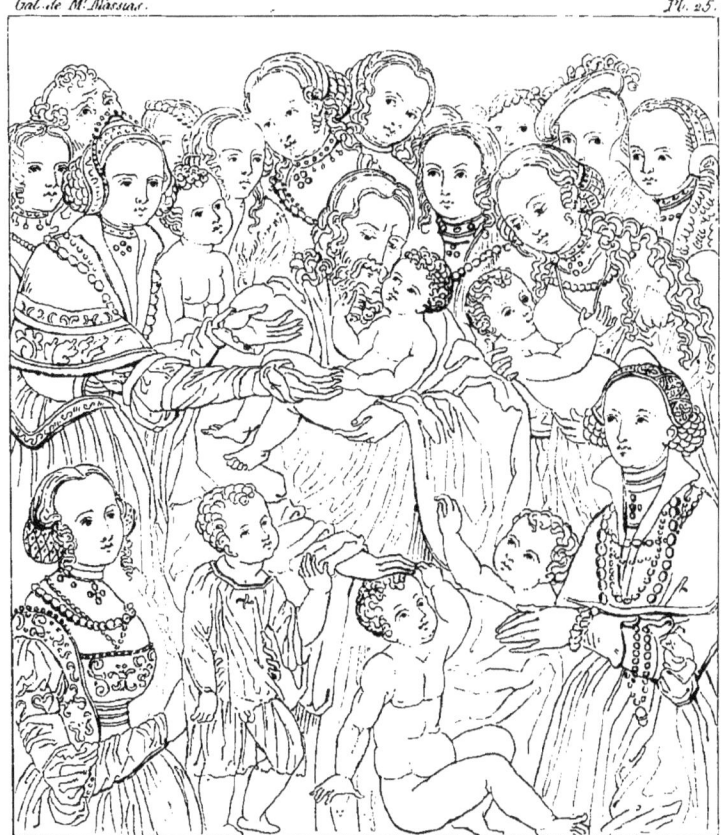

Gal. de M. Massias. Pl. 25.

Luc Kranac. pinx.t   F. Soyer sc.

Planche vingt-cinquième. — *Jesus fait approcher de lui les enfans. Tableau* de Luc Kranack.

Peint sur bois : haut. 3 pieds 3 pouces, larg. 2 pieds 10 pouces.

Laissez venir les enfans vers moi. Telle est l'inscription qu'on lit en allemand au haut du tableau signé J. Holbeen, 1515, et néanmoins attribué à Luc Kranack. Ce tableau n'est pas sans mérite. La vivacité des couleurs, la finesse des carnations, la naïveté, la candeur de ces diverses physionomies excitent l'attention, et l'on s'y arrête avec plaisir, malgré les incorrections et la sécheresse du dessin. Lorsqu'on examine sans prévention ces groupes entassés qui semblent ne présenter que des portraits rendus avec la simplicité, ou, si l'on veut, le talent brut et presque grossier des anciens maîtres de l'école allemande, on est obligé de convenir que leur style était moins éloigné du véritable but de l'art, que le goût maniéré des Boucher, des Lemoine et de leurs imitateurs; les premiers se montrèrent disciples de la nature, les autres le furent de la mode et du caprice.

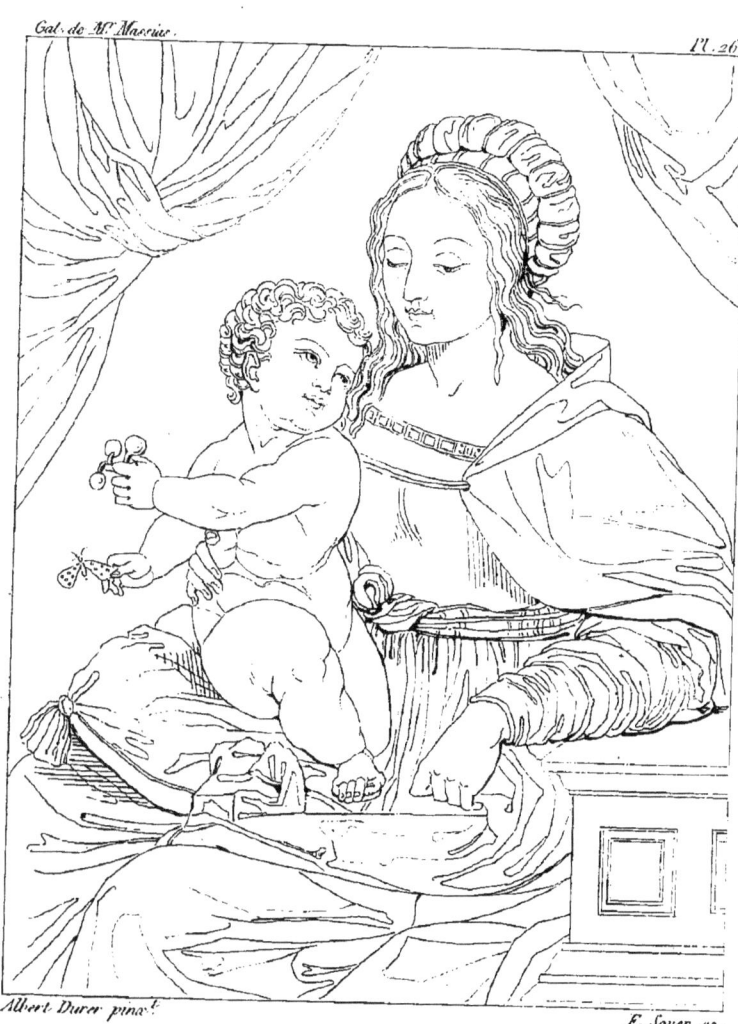

Gal. de M.r Massias. Pl. 26.

Albert Durer pinx.t F. Soyer sc.

Planche vingt-sixième. — *La Vierge et l'Enfant-Jésus. Tableau* d'Albert Durer.

Peint sur bois: haut. 1 pied 11 pouces, larg. 1 pied 5 pouces.

Ce charmant tableau, composé dans le goût le plus délicat et le plus naïf, et de l'exécution la plus précieuse, porte la signature ou le monogramme d'Albert Durer. Ce doit être la preuve authentique de son origine. Cependant, lorsqu'en le comparant aux autres ouvrages du même maître connus en France, on ne retrouve dans cette Sainte-Famille ni le papillotage des draperies, ni la sécheresse de pinceau qui font reconnaître les peintures d'Albert Durer, on est tenté d'attribuer ce chef-d'œuvre à quelque maître italien, à l'un de ceux qui aurait le plus approché de la perfection : disons même, et nous ne pensons pas que l'éloge soit exagéré, qu'en réunissant, pour le goût et la pureté des contours, la douceur des caractères, la vérité des draperies, l'éclat, la transparence et la vivacité des teintes, et surtout cette finesse de touche qui décèle un peintre épris de son art, et jaloux de ne rien laisser à désirer dans ses ouvrages, disons qu'en réunissant ce qui fait le charme des tableaux les plus soignés de Léonard de Vinci, ceux de la seconde manière de Raphaël, et les plus beaux du Garofolo, on aurait pour résultat un tableau semblable à celui dont nous essayons ici de faire apprécier le mérite. Si ce tableau est d'Albert Durer, comme il paraît qu'on n'en doit pas douter, il faut convenir qu'il y a une distance prodigieuse entre ses premiers ouvrages et celui dont il s'agit. Mais on peut croire qu'il en a produit quelques autres dans ce dernier style, car on lit dans Descamps, qui avait vu les ouvrages d'Albert Durer dans la patrie de ce peintre, le passage suivant : « Le mérite d'Albert Durer est connu, non-seulement par l'éloge qu'en a fait Raphaël, mais par le nombre d'Italiens qui ont suivi sa manière ; quelques-uns ont cru qu'il avait étudié en Italie. On s'est trompé, etc. » (1). Le tableau dont nous donnons ici l'esquisse se rapporte en effet beaucoup plus au goût italien qu'au style allemand. Il provient de la succession de la dernière margrave catholique de Baden-Baden, et fut vendu il y a quelques années. On en parla dans les journaux du temps, comme d'un morceau de la plus grande rareté. Il est d'une conservation étonnante, et, quoiqu'il soit peint depuis plusieurs siècles, il parait sortir de l'atelier du peintre. La tête de la Vierge est d'une finesse et d'une simplicité enchanteresses. Celle de l'Enfant-Jésus est d'une douceur et d'une perfection admirables.

---

(1) Albert Durer ne fit qu'un seul voyage à Venise. Ce peu de temps a pu suffire pour opérer un changement dans sa manière.

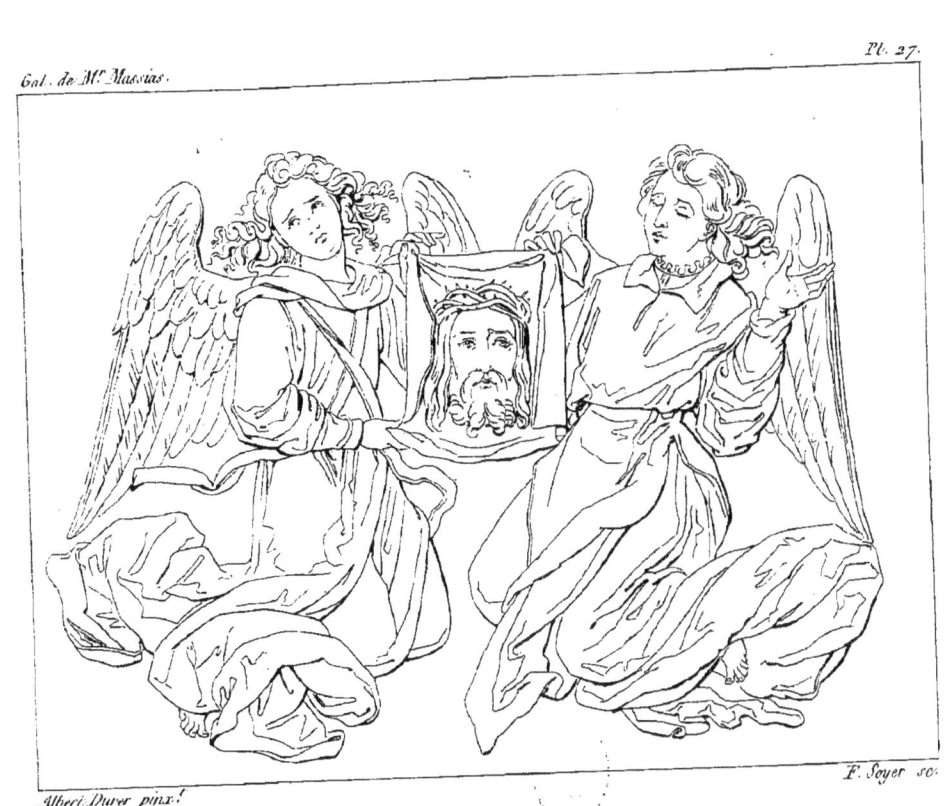

Planche vingt-septième. — *Le Suaire porté par deux Anges. Tableau* d'Albert Durer.

Peint sur bois : hauteur 5 pouces, largeur 7 pouces.

S'il devait y avoir de l'incertitude sur l'origine du tableau précédent, les mêmes motifs existeraient pour celui-ci, car ils sont incontestablement de la même main. La touche dans les draperies, et la manière d'en nuancer les teintes, sont d'une conformité parfaite dans l'un et l'autre tableau. Nous ne voulons pas dire que ces deux ouvrages puissent être comparés entr'eux pour l'importance de la composition et la beauté du fini. Ce dernier est traité légèrement, mais avec beaucoup de grâce et une grande suavité de coloris. On connaît la gravure qu'en a faite Albert Durer, de la même grandeur que le tableau. Elle porte la date de 1510.

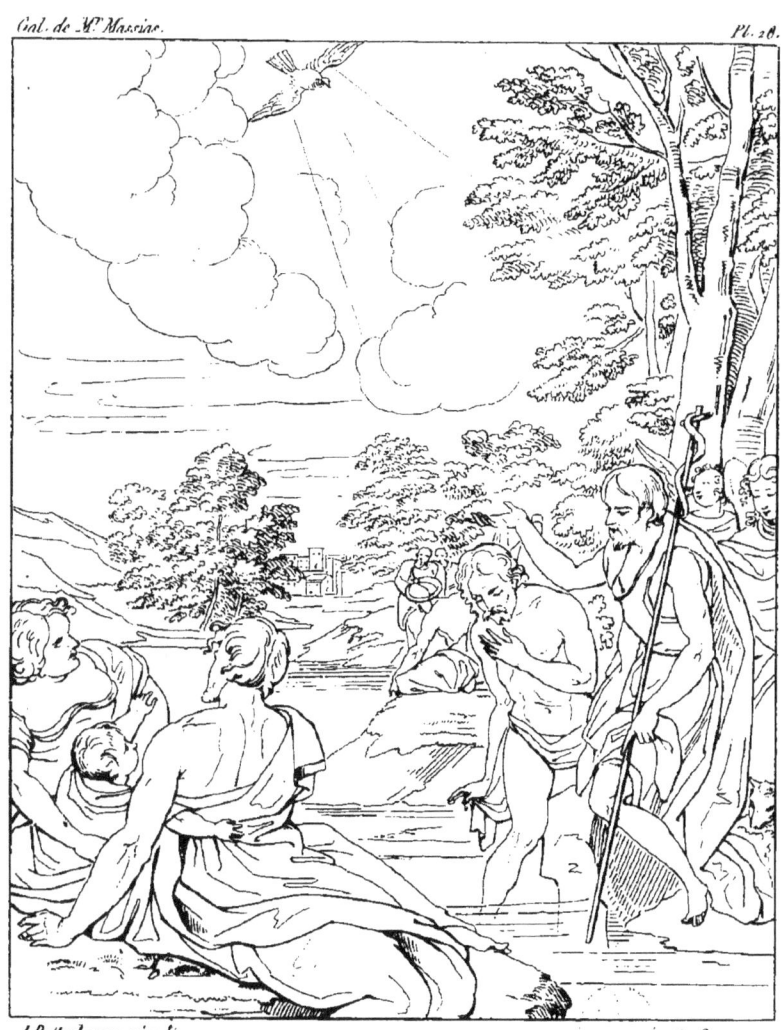

Planche vingt-huitième. — *Le Baptême de N. S. Tableau de* Rottenhamer.

<small>Peint sur bois : hauteur 10 pouces, largeur 7 pouces.</small>

On reconnaît dans cet agréable tableau, au choix des attitudes, à certains airs de têtes, à la vivacité du coloris et à la liberté de la touche, que Rottenhamer avait étudié la manière du Tintoret. Il l'a également appliquée aux grands et aux petits sujets. Les petits, peints le plus souvent sur cuivre, sont généralement répandus en Europe. Les grands se voient principalement à Venise, où il demeura long-temps, et à Augsbourg, où il se retira ensuite. Quoiqu'il ait produit un nombre considérable de tableaux, et qu'il les fît payer fort cher, Rottenhamer était continuellement dans la détresse. Prodigue et dissipateur, il mourut pauvre, et ne laissa pas même de quoi payer ses funérailles. Ses amis se cotisèrent et en firent les frais.

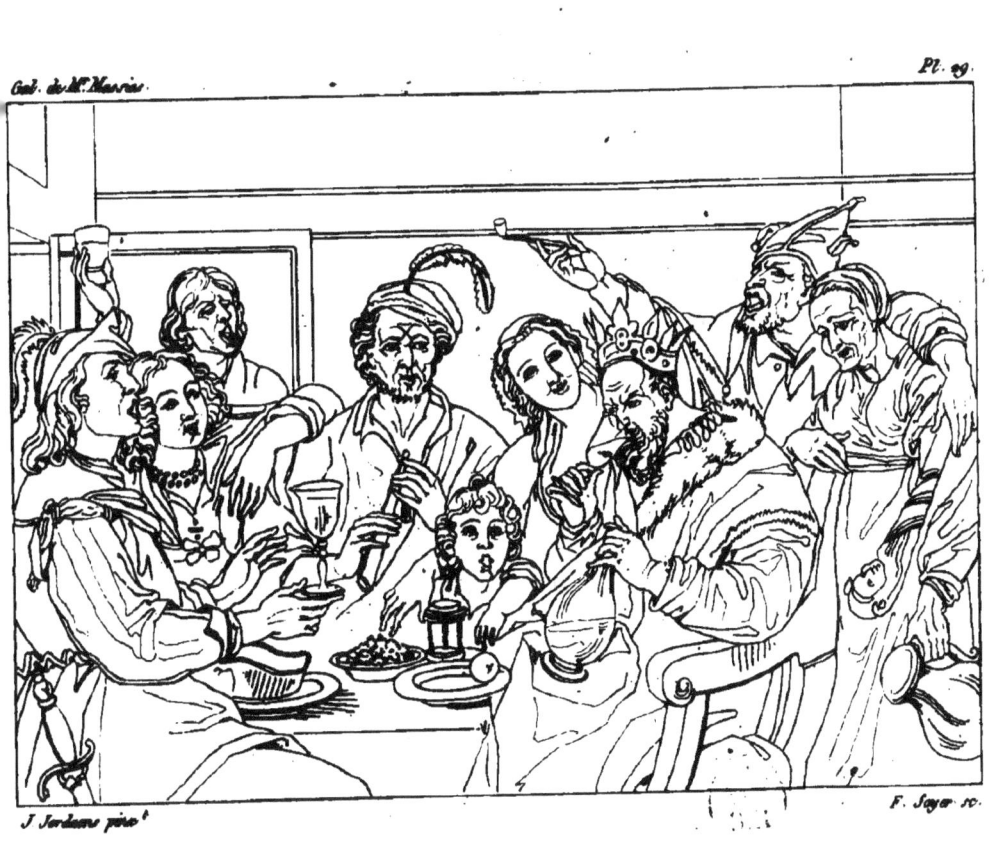

Planche vingt-neuvième. — *Le Roi boit.* *Tableau* de
J. Jordaëns.

Peint sur toile : haut. 4 pieds 6 pouces, larg. 6 pieds 6 pouces.

Le Roi boit. J. Jordaëns a traité deux fois ce sujet, dont le genre convenait beaucoup mieux à son talent que les compositions d'un style relevé. On ne saurait porter plus loin la vigueur et la transparence du coloris, la magie des reflets, la variété des caractères, et cette imitation commune qui forme le type de l'école flamande. Sous ces divers rapports, Jordaëns n'est point inférieur à Rubens, son maître, mais ce dernier l'emporte pour la richesse et la vivacité de l'imagination, et pour la variété avec laquelle il a traité toutes sortes de sujets; on pourrait ajouter tous les genres dont il a voulu essayer. Jordaëns est plus égal, plus uniforme, et toujours un peu lourd.

Le second tableau du Roi boit a fait partie du musée royal. C'est toute autre chose pour la composition. Quant à l'exécution, nous ne pensons pas qu'il soit supérieur à celui-ci.

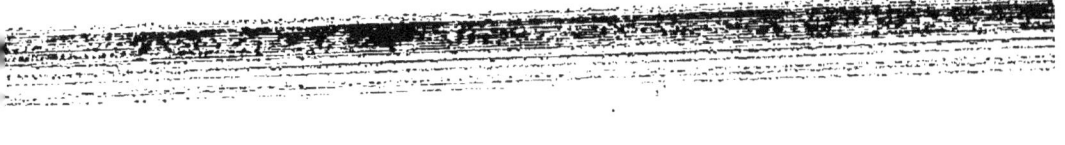

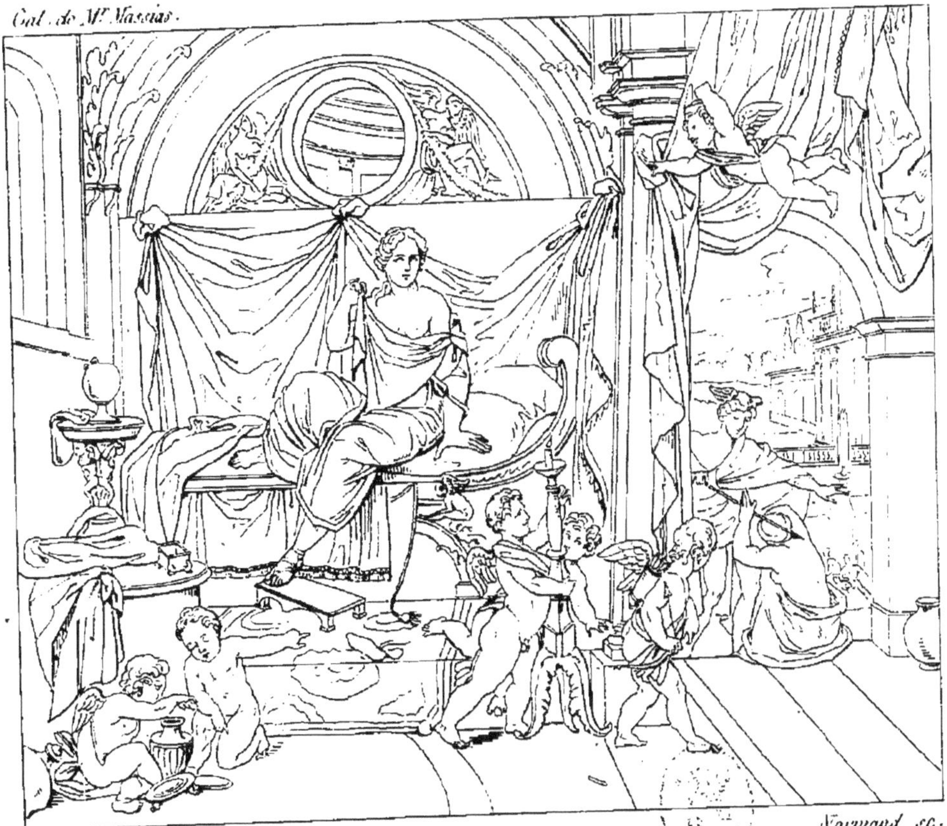

Planche trentième. — *Mercure transforme Aglaure en pierre.* *Tableau* de Gérard de Lairesse.

Peint sur toile; hauteur 1 pied 6 pouces, largeur 1 pied 10 p.

Hersé, fille de Cécrops, revenant un jour du temple de Minerve, attira les regards de Mercure, qui en devint amoureux. Il voulut engager Aglaure, sœur de cette princesse, à servir sa passion et à l'introduire auprès d'Hersé. Jalouse de cette préférence, Aglaure s'y refusa, et chercha à troubler les amours du dieu, qui la frappa de son caducée et la changea en pierre.

La composition de ce tableau, où Gérard de Lairesse a répandu avec profusion, selon sa coutume, le luxe des accessoires, serait difficilement comprise si l'on n'y joignait un mot d'explication; il est même évident que le peintre n'a considéré son sujet que comme le motif d'une ordonnance pittoresque, riche, variée, mais à-peu-près nulle sous le rapport de l'action et des caractères.

Cette femme demi-nue, assise sur son lit, entourée d'objets voluptueux et d'une troupe d'enfans ailés qui s'empressent à lui plaire, serait prise pour Vénus ou pour quelque autre déesse servie par les Amours; et l'on a peine à reconnaître dans cette autre femme assise sur le seuil de la porte, Aglaure, qui, par jalousie, veut empêcher Mercure de pénétrer dans l'appartement de sa sœur, dont ce dieu est épris.

Avec une imagination vive et abondante, un esprit

nourri de la lecture des poëtes, Gérard de Lairesse avait un penchant pour les compositions allégoriques, et il les a presque toujours employées d'une manière assez ingénieuse. S'il les eût soutenues par une plus grande correction du dessin et par la sévérité du style, il aurait mérité à beaucoup d'égards le titre glorieux du *Poussin hollandais*, qui lui fut donné un peu légèrement. Au reste il faut convenir qu'aucun peintre flamand peut-être n'a autant approché du goût italien que Gérard de Lairesse, et cependant il ne vit jamais l'Italie.

Il a produit une quantité remarquable de tableaux soit en grand, soit en petit. Les premiers offrent quelquefois un coloris égal, un pinceau froid et léché; les autres sont plus recherchés des amateurs. On est sûr d'y trouver une touche fine et spirituelle, un accord harmonieux de tons purs et brillans. On en voit la preuve dans le petit tableau dont nous donnons ici le trait.

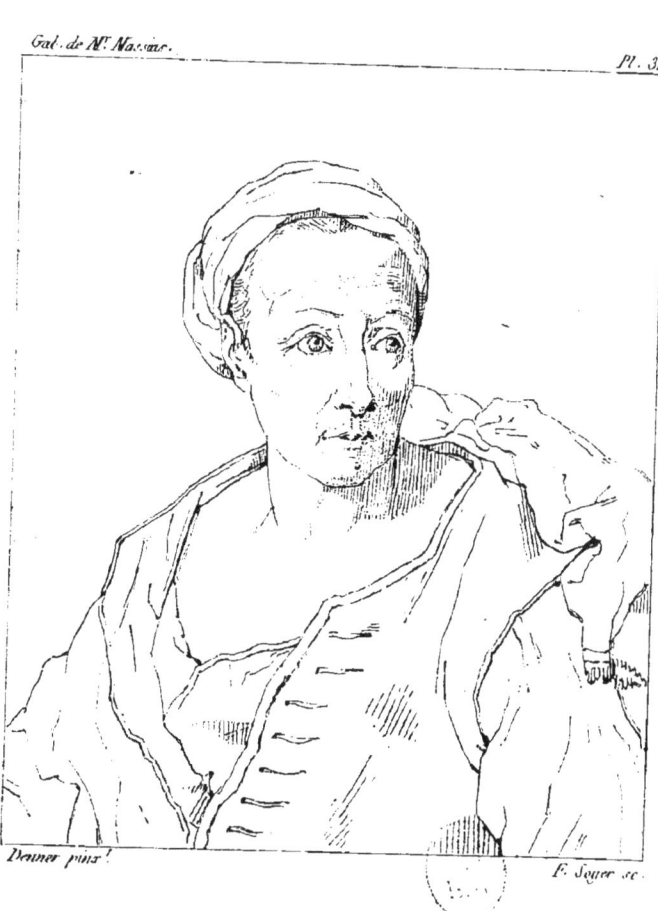

Planche trente-unième. — *Tête de Vieille*, par Denner.

Peint sur toile ; haut. 1 pied 11 pouces, larg. 1 pied 6 pouc.

Cette tête, peinte de grandeur naturelle, est pleine de vie, et l'art ne saurait porter plus loin l'imitation de la nature dans la précision des détails et dans l'expression des traits. Comme elle représente une femme vieille et ridée (quoique d'une carnation assez fraîche) et d'une humeur acariâtre, elle est vraiment d'une vérité effrayante. On croit voir les yeux se mouvoir, le sang circuler ; on aperçoit jusqu'aux pores de la peau : et ce qui ajoute beaucoup au mérite de ce chef-d'œuvre, la touche du peintre, si finie, si étudiée, est cependant moëlleuse, large et vive, comme si l'ouvrage eut été peint au premier coup.

Autant la tête est rendue avec un soin admirable, autant le reste paraît négligé. C'était la coutume de Denner : car on lui reproche de n'avoir pas su peindre les draperies. Mais nous croyons que cet abandon dans les accessoires était un calcul de l'artiste. Il avait senti que les parties essentielles auraient d'autant plus de ressort, qu'il se serait moins appesanti sur les accessoires. Et comment supposer que le peintre, qui poussait au plus haut degré l'imitation dans la partie la plus difficile de l'art, ait pu manquer d'habileté dans celle où l'on a vu souvent exceller un médiocre talent, l'imitation des étoffes ? Au surplus les draperies du tableau dont nous donnons ici l'esquisse, ne sont pas proprement défectueuses, mais semblent, comme on dit, venues au bout du pinceau. Elles sont peu rendues ; mais la touche en est franche, les teintes en sont légères et harmonieuses, et le peintre n'a pas eu l'intention de les faire autrement.

Comme le Musée royal ne possède aucun tableau de Denner, nous n'avions point encore eu l'occasion de parler de ce peintre. Il naquit à Hambourg en 1685, et languit long-temps des suites d'une chute : continuellement couché ou assis, il était moins touché des amusemens de l'enfance, que de celui qu'il prenait à copier des images ou autres petites estampes. Il oubliait son mal lorsqu'il dessinait.

Après avoir eu quelques leçons d'un peintre d'Altona, il passa dans l'école d'un autre à Dantzick ; il le quitta, et ne fit plus que copier les meilleurs tableaux qu'il put obtenir. Ses parens lui firent quitter la peinture pour le commerce; mais il consacrait à cet art tous ses momens de loisir. Envoyé à Berlin, où le roi Frédéric avait rassemblé les plus habiles artistes, il abandonna le commerce, et se livra entièrement à la peinture.

Les bornes de cet article ne nous permettent pas de suivre Denner dans le cours de ses travaux, et dans les différentes circonstances de sa vie. Il s'attacha particulièrement au portrait, et peignit les personnages les plus illustres dans les divers pays où il fut appelé. Gottorp, Hussum, Amsterdam, Londres, le Hanovre, Kiel, Blankenbourg, etc., où il fit plusieurs voyages, furent témoins de ses succès. Il mourut à Hambourg en 1747. Aucun peintre n'a peint une tête avec autant de naturel, de vérité et de soin que Denner, dont les ouvrages sont fort rares.

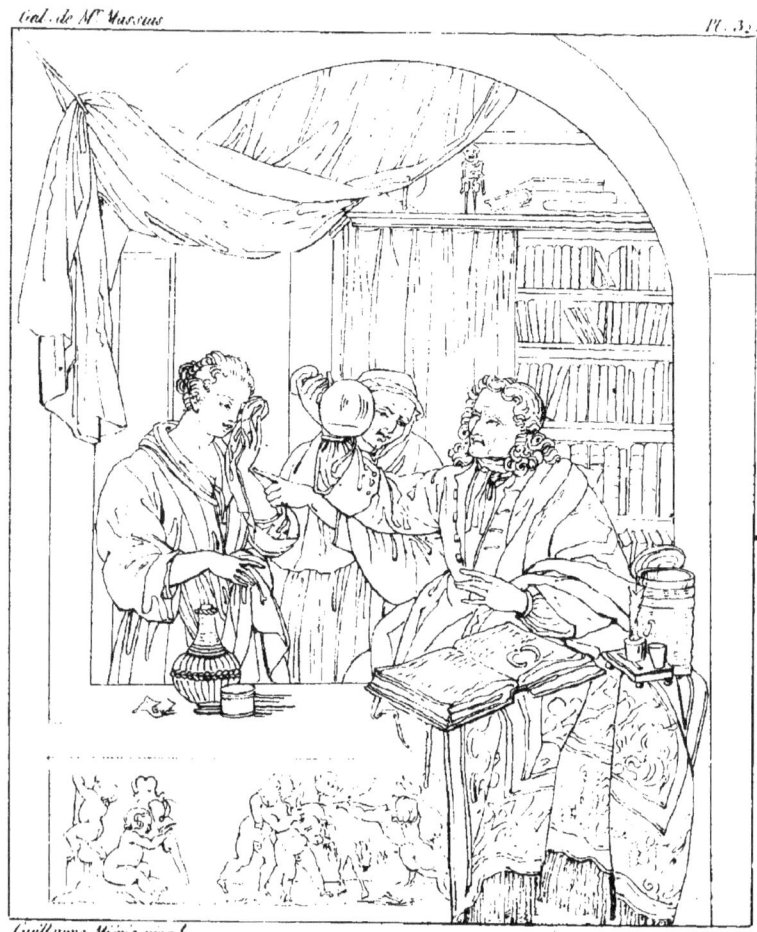

Guillaume Mieris pinx.^t F. Joyer sc.

Planche trente-deuxième. — *Une jeune Femme consultant un médecin.* **Tableau** de Guillaume Miéris.

Peint sur bois; hauteur 1 pied 2 pouces, largeur 1 pied.

Une jeune femme, accompagnée d'une autre plus âgée, va consulter un médecin. Celui-ci tient en main une fiole qu'il examine avec attention. Le fond du tableau représente le cabinet de l'empirique, et la scène est vue d'une fenêtre de l'appartement. Le rideau de la croisée est relevé en dehors ; sur le bord de cette croisée sont quelques vases, un livre, une écritoire, et un riche tapis ; au-dessous un bas-relief où l'on voit des enfans jouant avec une chèvre.

Guillaume Miéris, fils et élève de François Miéris, fit de grands progrès à l'école de son père, et était déjà un très-habile peintre à l'âge de dix-neuf ans, lorsqu'il eut le malheur de le perdre. Il sentit alors combien il lui restait à étudier, et qu'ayant perdu son guide, il n'avait d'autre ressource que de consulter la nature. Si Guillaume Miéris ne s'éleva pas beaucoup dans ses conceptions, du moins ce nouveau maître ne l'égara jamais, et il ne hasarda rien dans ses tableaux, pas même le moindre accessoire, sans en avoir le modèle sous les yeux.

La plupart des tableaux de Guillaume Miéris sont du genre de celui dont il est question dans cet article ; cependant il peignit quelquefois, et avec beaucoup de succès, des sujets tirés de la fable et de l'histoire. Il réussit également dans le paysage et les animaux. Il modelait aussi avec beaucoup de goût en terre et en cire, et il aurait pu tenir un rang parmi les bons sculpteurs.

Les tableaux de Guillaume Miéris, aussi soignés et aussi harmonieux que ceux de son père, n'ont cependant pas la même célébrité. On les trouve inférieurs pour le dessin, le piquant des effets, et la finesse de la touche. Ils ne laissent pas pour cela d'être recherchés et de tenir une place distinguée dans les cabinets des amateurs.

Ce peintre menait une vie sage et paisible, ne s'aveuglait ni sur ses talens ni sur la fortune dont ils avaient été pour lui la source Il partageait ses momens entre les soins de ses études et ceux de sa famille. Il vécut heureux et estimé, et mourut en 1747, âgé de quatre-vingt-cinq ans.

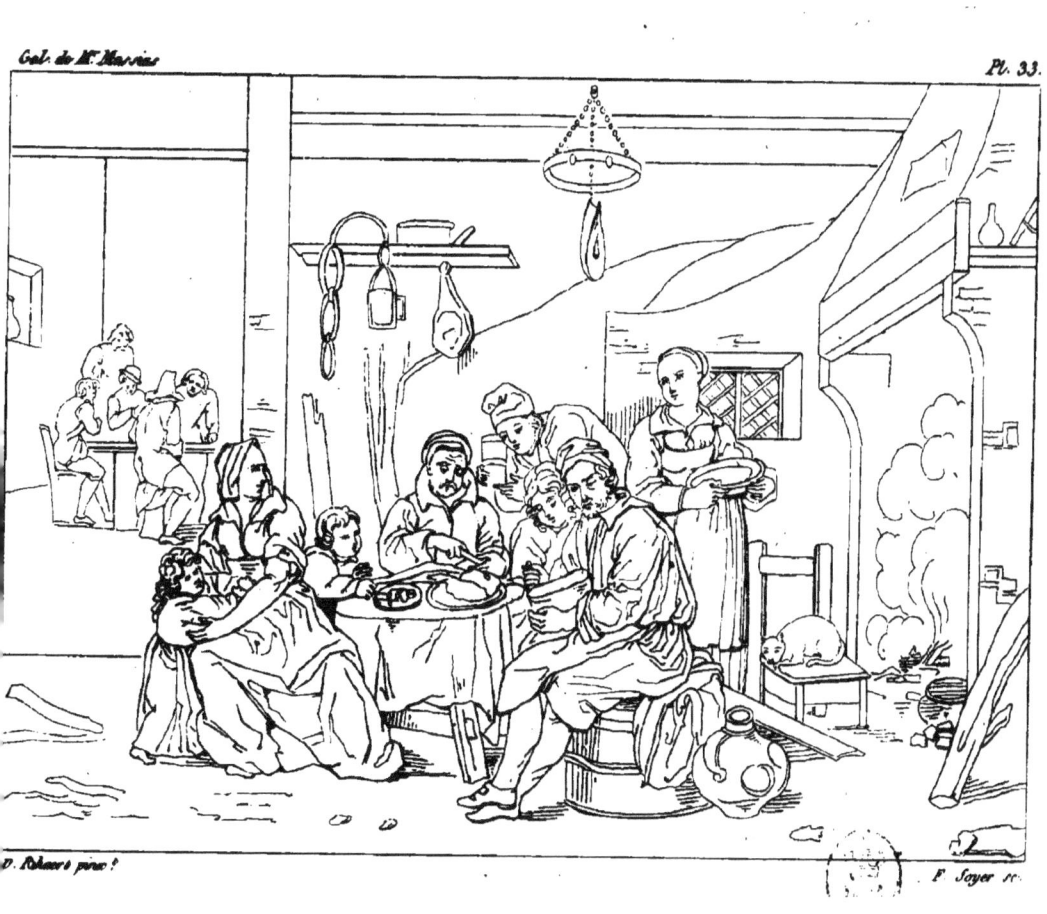

Planche trente-troisième. — *Un Repas rustique. Tableau* de David Rickaert.

Peint sur cuivre; haut. 1 pied 11 pouces, larg. 2 pieds 8 pouces.

Trois peintres sont connus sous le nom de Rickaert. Le premier, Martin, né en 1570, excella dans le paysage : plusieurs de ses tableaux ont été ornés de figures par Brenghel de Velours ; le second, David, jouit de la réputation d'un peintre habile ; mais fut surpassé par David Rickaert, son fils et son élève, né en 1615, auteur du tableau dont nous donnons ici l'esquisse. Il représente un Repas rustique dans l'intérieur du ménage; il est d'une composition et d'une expression vraie sans être ignoble; le coloris en est gracieux et vif; la touche très-suave et très-soignée.

David Rickaert s'était d'abord appliqué au paysage; mais, voyant combien on recherchait les ouvrages de Téniers, de Brauwer, d'Ostade, et de quelques autres peintres du même genre, il essaya de les imiter, et fut encouragé par le prix qu'il vit mettre à ses premiers tableaux. Il étudia leurs différentes manières, et parvint à s'en former une qui lui fut propre. Il peignait ses têtes avec beaucoup d'art et de goût, et toutes les étoffes d'après nature. Les détails de ses tableaux, les accessoires, tels que les ustensiles de cuisine, les meubles, les instrumens de musique, sont terminés avec une précision dont on en est d'autant plus étonné, que ce peintre n'a pas porté le même soin à peindre les mains : elles sont généralement négligées dans ses tableaux, et il semblerait les avoir peintes de pratique. Sans doute il avait négligé cette partie si essentielle du dessin.

Les tableaux de David Rickaert sont rares en France, et ne sont pas même communs dans son pays. Le Musée n'en possède aucun des trois peintres de ce nom.

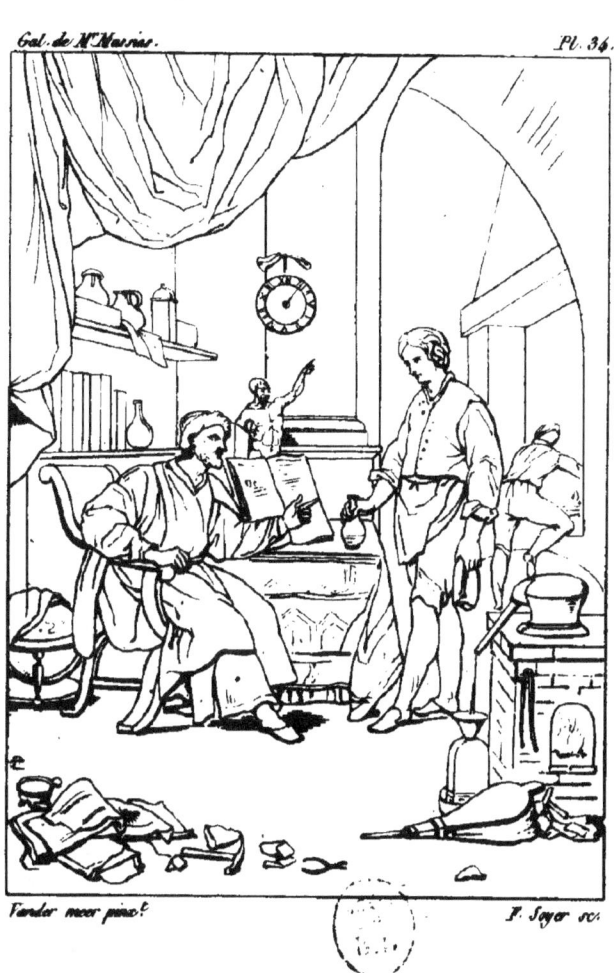

Planche trente-quatrième. — Intérieur d'un Laboratoire de chimie. Tableau de Jean Vander Méer.

Peint sur bois ; hauteur 2 pieds 1 pouce, larg. 1 p. 5 pouces.

Ce petit tableau représente l'intérieur du cabinet d'un chimiste, auquel un de ses élèves présente une fiole contenant sans doute quelque potion qu'il vient de préparer par ordre du maitre. On voit épars çà et là, dans le laboratoire, des livres, des instrumens de chimie, de géographie, et autres accessoires, et dans le fond un aide travaillant au fourneau. Ce petit tableau, peint largement, réunit la vigueur et la finesse du coloris.

Jean Vander Méer, né en Hollande, partit fort jeune pour l'Italie, où il employa son temps avec d'autant plus de fruit, que la fortune de ses parens l'y maintint dans l'abondance, et qu'il ne fut pas réduit comme tant d'autres à vivre du produit de son travail. Non-seulement il eut l'avantage de ménager ainsi le temps qu'il devait à ses études, mais encore il fut assez heureux pour pouvoir aider ceux de ses confrères que la fortune avait traités moins favorablement.

De retour dans sa patrie, il épousa une jeune veuve très-riche, qui lui apporta pour dot une manufacture de blanc de plomb fort accréditée. Les soins qu'exigeait un nouvel état lui firent quelque temps négliger son art, et l'engagèrent dans des distractions et des plaisirs d'un autre genre. Mais son bonheur fut de courte durée : il perdit d'abord sa femme, qu'il chérissait ; et le fléau de la guerre, en 1672, le ruina entièrement. Sa manufacture fut pillée et brûlée. Plus heureux lorsqu'il ne possédait qu'un bien médiocre, il avait joui du moins de la tranquillité, et de la considération que donnent les talens.

Vander Méer, dans le temps de sa prospérité, avait fait faire par David de Héem, fameux peintre de fleurs, un tableau qu'il lui avait payé 2000 florins Ce morceau précieux fut sa seule ressource lorsqu'il eut été ruiné par les gens de guerre. On lui conseilla d'en faire présent au prince d'Orange Guillaume III, depuis roi d'Angleterre. Il peignit au milieu de la guirlande de fleurs que représentait le tableau, le portrait de ce prince, qui le reçut avec admiration, et donna à Vander Méer un emploi dans la ville d'Utrecht. Comme il a presque toujours demeuré dans cette ville, on a cru généralement qu'il y était né; mais Schoonhoren est sa patrie. On ignore de quel maître il a reçu les premières leçons de son art.

Le Musée de France ne possède aucun tableau de Vander Méer.

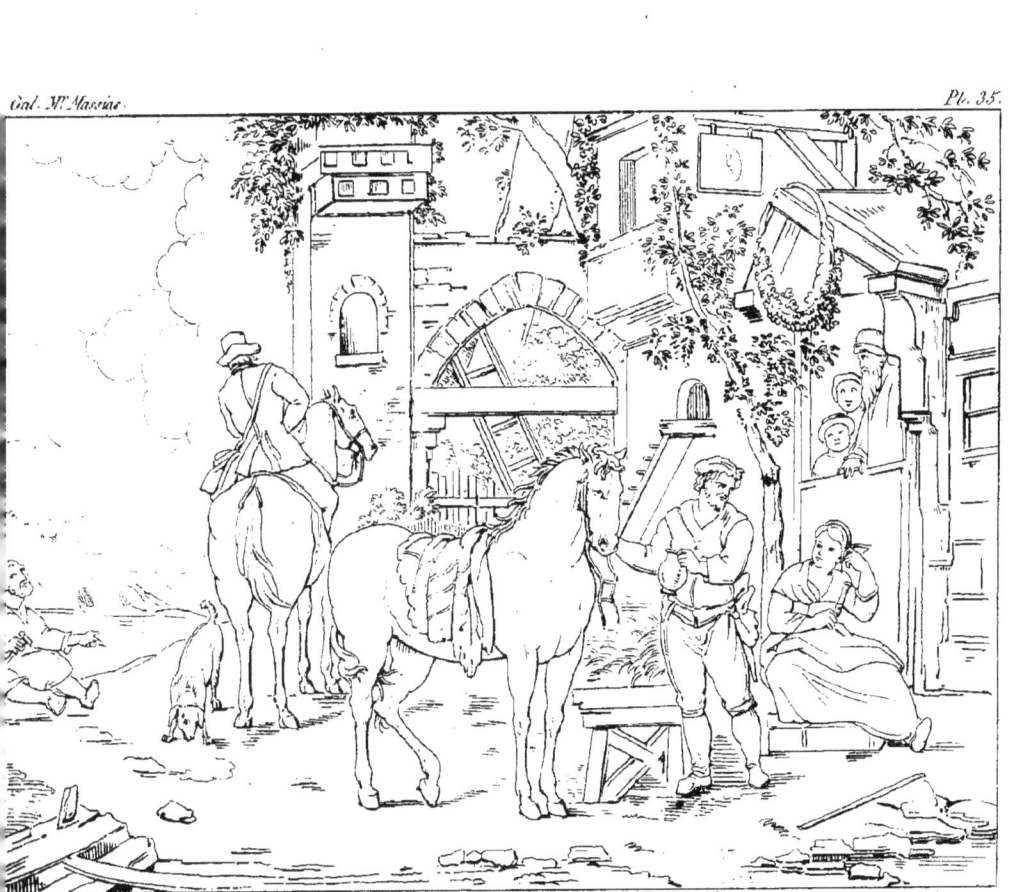

Planche trente-cinquième. — *Halte de Voyageurs.*
Tableau de Pierre de Laar.

Peint sur bois; hauteur 1 pied, largeur 1 pied 6 pouces.

Pierre de Laar, né en 1613 à Laaren, près Naarden, en Hollande, de parens qui étaient à leur aise, suivit de bonne heure l'inclination qu'il avait pour le dessin. On ignore quel fut son maître; mais il quitta son père très-jeune encore, et se rendit à Rome en passant par la France. C'est en Italie qu'il forma son talent pour la peinture et perfectionna celui qu'il possédait pour la musique. Il jouait d'une manière très-distinguée des instrumens à corde, et était un des plus habiles musiciens de son temps.

Ces divers talens lui méritèrent l'estime de tout le monde, et particulièrement l'amitié du Poussin, de Claude-le-Lorrain, et de Sandrart, avec qui il avait coutume de visiter et d'étudier les environs de Rome.

Après avoir demeuré seize ans dans cette ville, il retourna dans son pays, où sa réputation l'avait précédé. Il s'établit à Amsterdam en 1639, et y fit des ouvrages dont il fut magnifiquement payé.

Si quelque chose put nuire aux succès de Pierre de Laar, ce fut sans doute la grande célébrité de Wouvermaens, qui avait adopté le même genre de composition, et avait une touche beaucoup plus délicate, un coloris plus fin et plus brillant. On prétend même que Pierre de Laar, jaloux de ce grand peintre, conçut tant de chagrin de se voir surpassé par lui, que l'on vit son enjouement naturel se changer en une noire mélancolie, qui termina ses jours en 1673 ou 1674. Quoi qu'il en soit, il est certain que la célébrité de Wouvermaens nuisit beaucoup à celle de Pierre de Laar, et que sa fortune s'en ressentit. Au surplus, il vécut jusqu'à l'âge de soixante-un ans, et sans doute il eût poussé plus loin sa carrière sans sa mauvaise constitution, suite de la difformité qu'il apporta en naissant, et qui lui valut en Italie le surnom de *bamboche*. Il était fort mal fait, avait les jambes extrêmement longues, le col court, la tête enfoncée dans les épaules. La nature l'avait dédommagé par les qualités de l'esprit, une humeur enjouée, et des mœurs aimables.

Pierre de Laar eut deux frères qui lui sont fort inférieurs en mérite : l'un mourut à Venise ; l'autre périt malheureusement près de Rome, en passant sur un pont de bois d'une montagne à l'autre : l'âne sur lequel il était monté, broncha et se précipita avec lui dans un torrent rapide et profond.

Les tableaux de Pierre de Laar représentent ordinairement des chasses, des attaques de voleurs, des foires, des fêtes publiques, et des paysages ornés de débris d'architecture.

Le Musée de France ne possède aucun tableau de ce maître. Celui dont nous donnons ici le trait ne serait pas déplacé près d'un Wouvermaens.

Gal. de Mr. Massias.

Pl. 36.

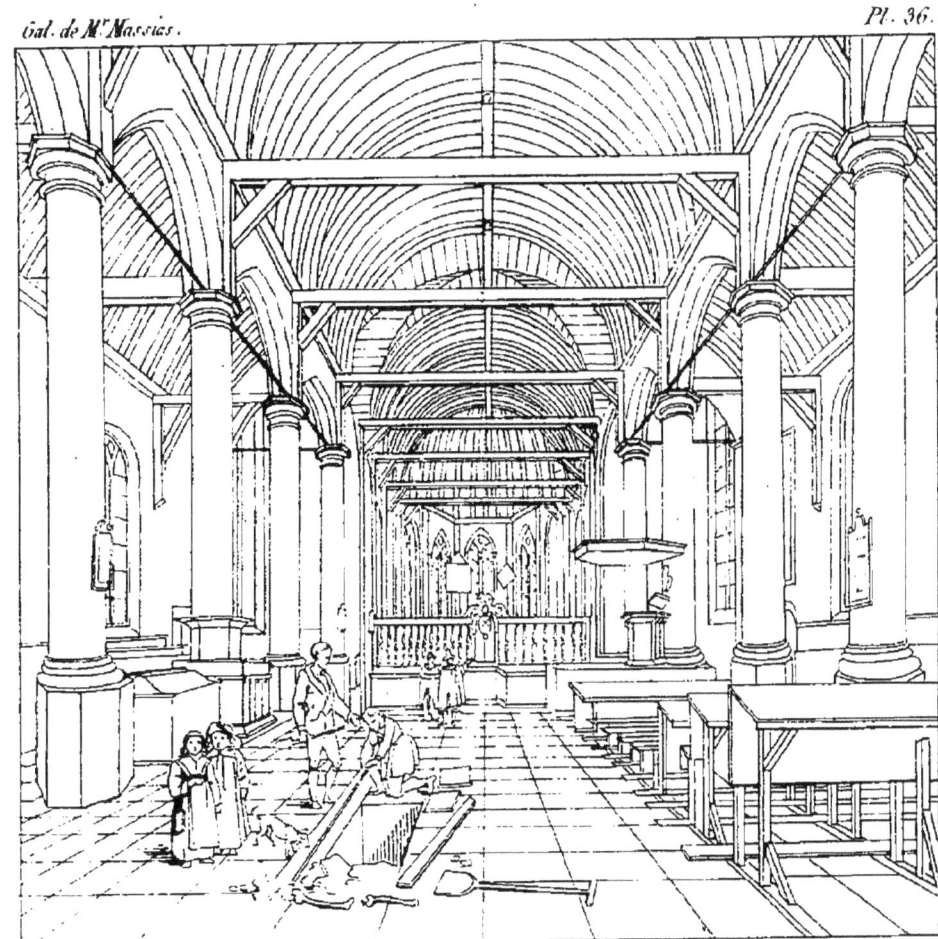

Berkeyden pinx.t

C. Normand sc.

Planche trente-sixième. — *Intérieur d'un Temple protestant. Tableau* de Guérard Berkeyden.

Peint sur bois ; hauteur 2 pieds 9 pouces, largeur 3 pieds.

L'intérieur de la nef, vu en perspective, offre pour point de vue l'entrée du chœur. La voûte de la nef, ainsi que celles des bas-côtés, sont ceintrées en bois et soutenues par des colonnes de pierre. A droite est la chaire, autour de laquelle sont placés des bancs. L'intérieur de l'église est éclairé par quelques masses de lumière que le soleil darde au travers des croisées. On ne trouve dans cette composition qu'un petit nombre de figures ; dans le fond deux hommes vêtus de longs manteaux, deux fossoyeurs découvrant un lieu de sépulture, deux enfans, et un chien qui s'avance sur le bord de la fosse.

Nous avons cru devoir entrer dans les principaux détails de la disposition de ce tableau, quoique ces sortes de sujets n'offrent ordinairement d'autre intérêt que celui qui résulte du mérite de l'exécution. Mais ce mérite dans le tableau dont nous donnons ici une esquisse très-exacte sous les rapports linéaires, offre une perfection si rare, qu'il est impossible de ne pas donner une attention particulière à tous les objets dont il se compose. Perspective, effet de clair-obscur, vérité de coloris, touche moelleuse et facile, il réunit tout ce que l'on peut desirer dans un morceau de ce genre, où l'on rencontre souvent, même parmi ceux qui ont le plus de réputation, une régularité froide et monotone, un pinceau sec et peiné. Ici tout décèle un peintre habile, maitre de son art, et dont le talent domine l'objet qu'il veut traiter.

Le Musée ne possède aucun tableau de Berkeyden; mais on y voit de fort beaux tableaux du même genre par d'autres maîtres; nous n'en connaissons aucun qui puisse être comparé à celui-ci, si l'on en excepte un intérieur d'église attribué à Delorme, peintre français, sur lequel on n'a aucun renseignement historique. Ce dernier tableau est un chef-d'œuvre, surtout pour la finesse et la vérité du ton. Le tableau de Berkeyden ne lui est pas inférieur pour la beauté du coloris, et peut-être est-il encore plus étonnant pour le relief des objets et la chaleur du pinceau.

Guérard Berkeyden, né à Harlem en 1643, n'excellait pas seulement à peindre des intérieurs de ville et d'église, il dessinait agréablement les figures, et réussissait dans le portrait et le paysage. Il avait un frère qui suivit les mêmes principes, mais qui lui fut inférieur. Ces deux artistes, étroitement unis, firent presque tous leurs ouvrages en commun. Guérard mourut en 1693. Job, son frère, ne lui survécut que quelques années, et périt malheureusement en 1698 : un soir, en rentrant chez lui, il tomba dans un canal et se noya. Ils furent fort regrettés. Leurs tableaux sont rares en France.

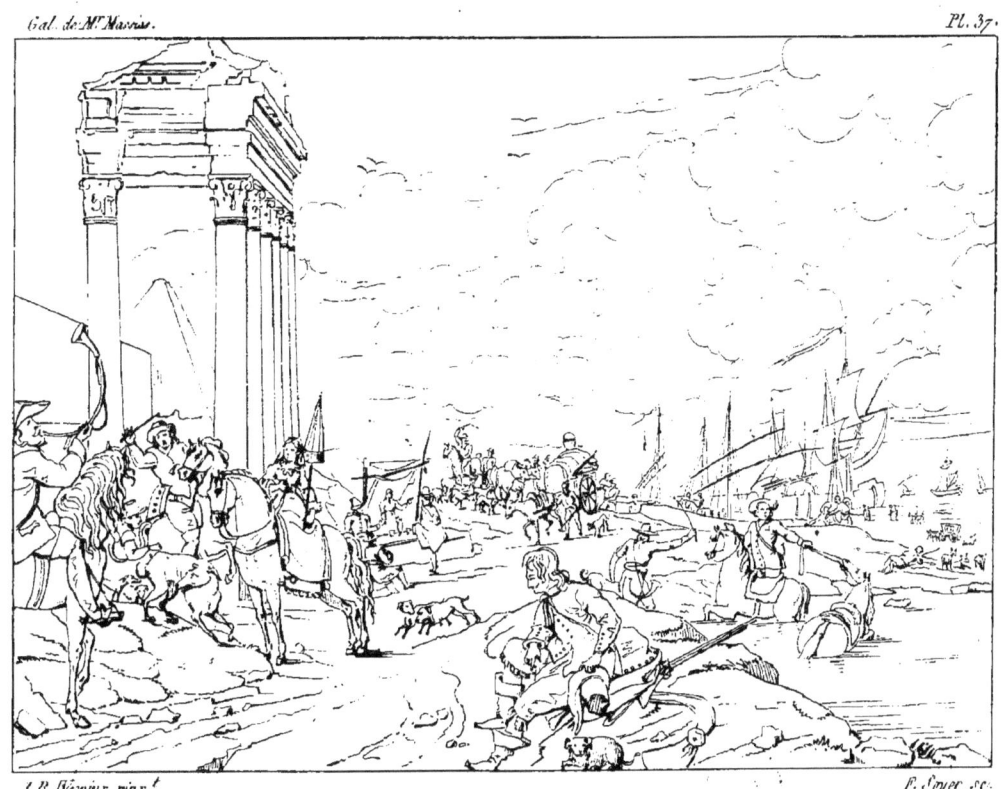

Planche trente-septième. — *Vue de Dunes aux bords de la mer.* Tableau de Wéeninx.

Peint sur bois ; haut. 1 pied 5 pouces, larg. 1 pied 11 pouces.

A droite, et près des ruines d'un édifice de l'ordre corinthien, on aperçoit plusieurs voyageurs ou chasseurs à cheval, et plus loin un nombre considérable de figures et d'animaux. A gauche, un homme fait baigner deux chevaux dans la mer. Au premier plan est un chasseur qui se repose assis sur un rocher. On voit dans le lointain des vaisseaux à l'ancre, et d'autres navires voguant vers l'horizon.

On sait que Wéeninx, profondément versé dans la théorie et dans la pratique de son art, peignait tous les genres avec succès. Histoire, paysage, portrait, animaux, marine, il n'en est aucun dans lequel il n'ait excellé ; et ses tableaux tiennent un rang honorable dans les plus beaux cabinets.

Celui dont nous donnons ici l'esquisse se fait remarquer particulièrement par la chaleur, la transparence et l'harmonie du ton général, et par la prestesse et la légèreté de la touche.

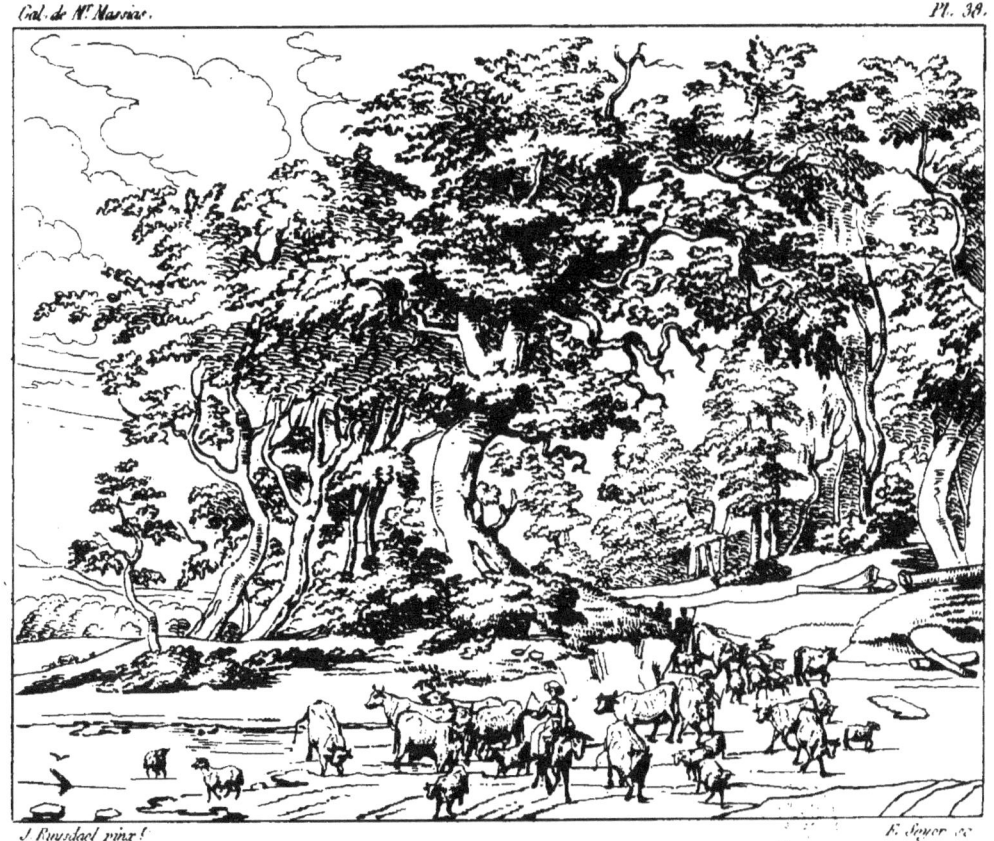

Planche trente-huitième. — *Paysage avec figures et animaux*, par Jacques Ruysdaël.

Peint sur toile : haut. 3 pieds 2 pouces, larg. 4 pieds.

Ces vieux chênes avec leurs troncs noueux; ces masses d'un feuillage varié où la lumière pénètre et se joue; ce site sablonneux que rafraîchit une nappe d'eau limpide, mais peu profonde; ces sentiers tracés au milieu d'une forêt, dont l'entrée forme les premiers plans du tableau; tout annonce ici un ouvrage entièrement étudié d'après nature, et dans lequel l'artiste n'a rien mis de son invention. Ruysdaël en a usé ainsi dans l'exécution de presque tous ses ouvrages, et s'il ne s'est pas élevé jusqu'à la poétique ou l'idéal du style pittoresque, ses productions offrent du moins un caractère de vérité, une fraîcheur de teintes, une vigueur de relief, qui enlèvent tous les suffrages. Malheureusement il négligea le dessin des figures et des animaux, et toutes celles qu'il a peintes lui-même dans ses paysages sont généralement très-médiocres. On en voit la preuve dans ce tableau. Ces figures, examinées de près, présentent l'incorrection des formes et l'irrésolution du pinceau; vues dans un certain éloignement, elles sont du moins en harmonie avec le paysage.

Ce tableau, de la première manière de Jacques Ruysdaël, rappelle sous quelques rapports ceux de Salomon, son frère, qui, étant âgé de vingt ans plus que lui, dut guider ses premiers pas dans la carrière de la peinture; et en raison de cette conformité de manières, il serait possible que quelques personnes eussent attribué à ce dernier le morceau dont il s'agit. Cependant nous n'en connaissons aucun de Salomon Ruysdaël, où l'on trouve la même franchise et la même vivacité de coloris.

A l'époque où Jacques Ruysdaël peignit celui-ci, dont toutes les figures, ainsi que nous l'avons remarqué, sont de sa main, il ne s'était pas encore associé aux Berghem, aux Vanden Velde, aux Wouvermaens, qui, dans la suite, ornèrent ses tableaux de personnages et d'animaux aussi bien dessinés que spirituellement touchés.

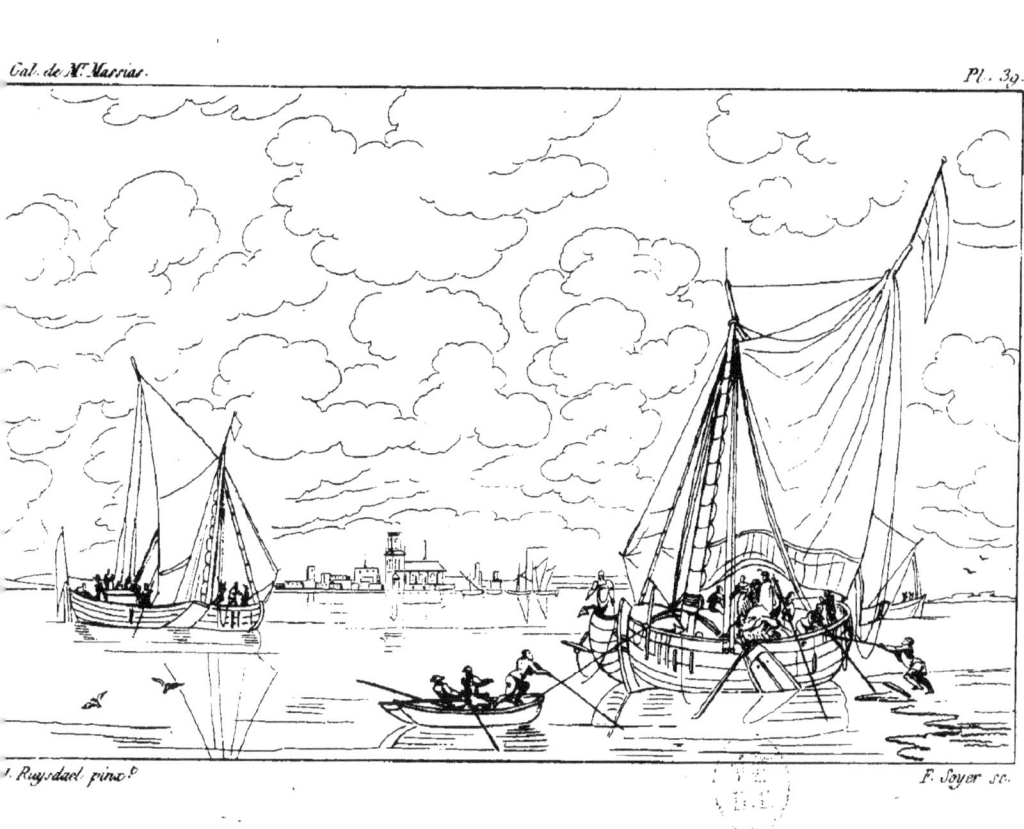

Planche trente-neuvième. — *Marine* de Jacques Ruysdaël.

Peint sur bois : haut. 1 pied 6 pouces, larg. 2 pieds 4 pouces.

Cette jolie Marine, du meilleur temps de Ruysdaël, est ornée de figures de Vanden Velde. L'effet en est piquant, le ton suave et argentin. Le mouvement des nuages contraste avec la tranquillité des eaux où se reflettent quelques édifices d'une ville qu'on aperçoit à l'horizon.

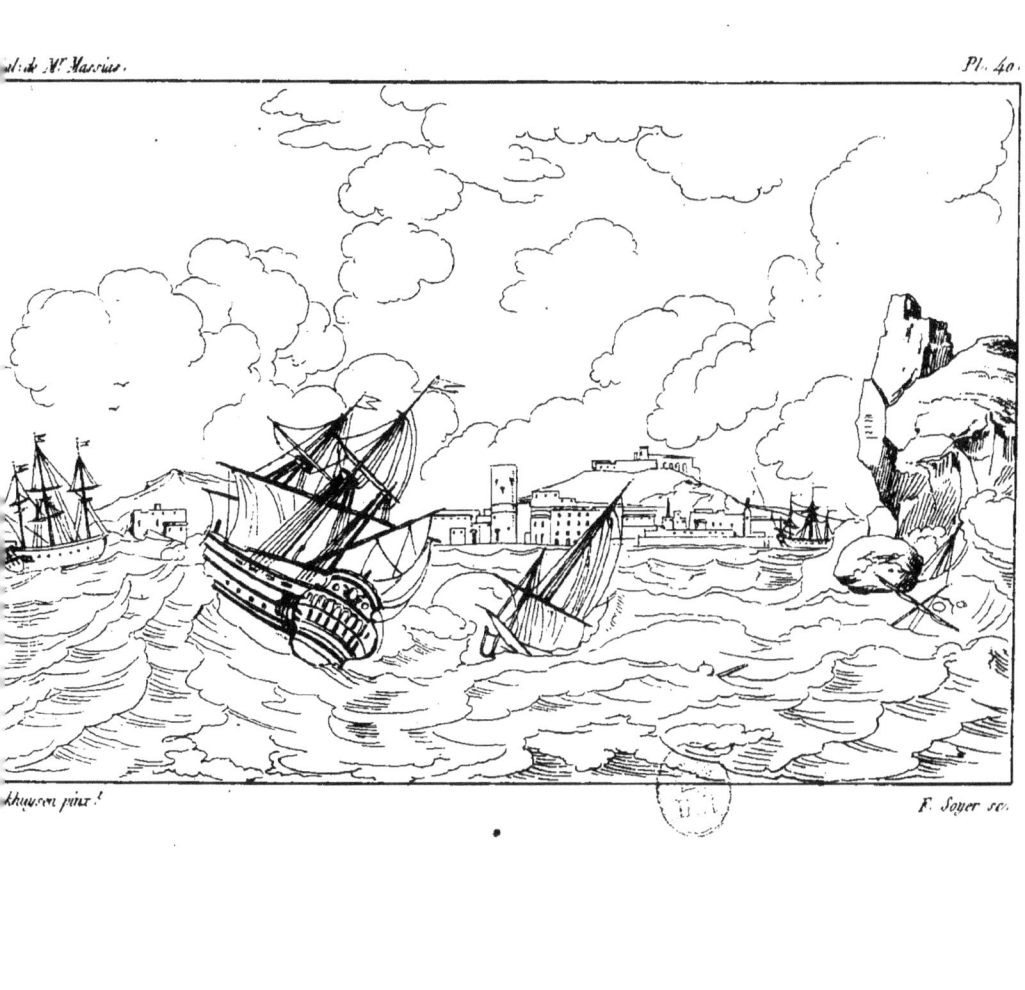

Planche quarantième. — *Tempête* de Bakhuysen.

Peint sur bois : hauteur 1 pied 11 pouces, largeur 3 pieds.

Une mer agitée vient de briser contre un rocher un bâtiment dont on aperçoit encore les débris. Deux autres luttent contre les flots et semblent prêts à s'engloutir. Les nuages, en se dissipant, laissent voir dans le lointain la ville de Batavia, dont on retrouve ici un aspect très-fidèle ; une partie de la ville et de la montagne qui la domine est éclairée par un soleil couchant.

Cette scène, toute effrayante qu'elle est, s'offre sous le charme d'une illusion et d'une imitation si parfaites dans l'ensemble et dans les détails, que l'œil hésite à s'en détacher : l'imagination ne va point au-delà.

La tempête et le mouvement des vagues écumantes qui se précipitent les unes sur les autres, le développement des nuages, la légèreté des teintes aériennes, l'exactitude de tous les objets qui tiennent à la marine, une touche pure, transparente et finie dans toutes les parties de ce tableau précieux, lui assurent un rang distingué parmi les meilleurs ouvrages d'un artiste qui d'ailleurs n'en a laissé aucun de médiocre.

Il fallait que Bakhuysen fût doué d'une vivacité et d'une mémoire extraordinaires, pour saisir avec tant de vérité des effets aussi fugitifs. On en est toujours surpris lors même que l'on sait que par amour pour son art, et pour parvenir à cette perfection qu'il ambitionnait sans cesse, il s'exposait souvent aux plus

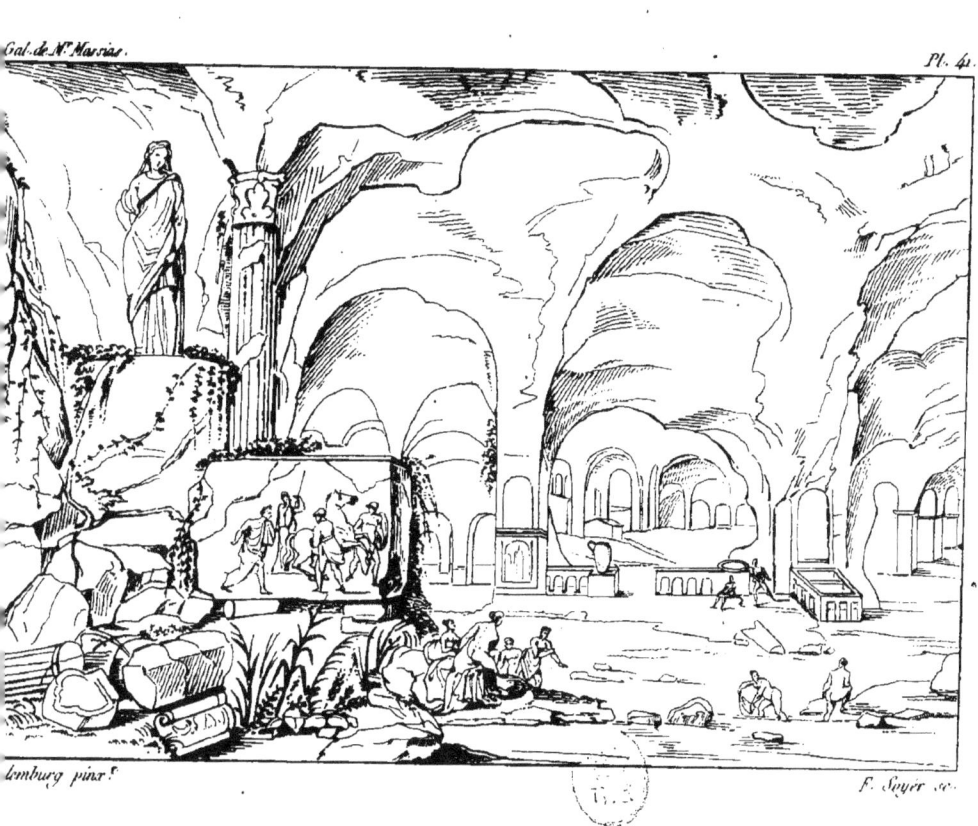

Planche quarante-unième. — *Tableau de Ruines*, avec figures, par Culembourg et Corneille Poelenburg.

Peint sur bois : haut. 1 pied 7 pouces, larg. 2 pieds 3 pouces.

Sous une voûte immense que soutiennent une multitude de piliers taillés dans le roc, Culembourg a réuni des statues, des vases, des bas-reliefs, et divers fragmens d'architecture. Corneille Poelenburg a animé ce réduit obscur et sauvage par plusieurs groupes de jeunes filles qui viennent prendre les plaisirs du bain dans l'espèce de citerne formée naturellement au milieu de la grotte. Au travers des ouvertures on aperçoit quelques parties de paysage.

La manière dont ce joli tableau est traité, est suave, gracieuse, et légère. Le clair-obscur en est bon. Les petites figures sont bien coloriées, et dessinées avec esprit.

Cet œuvre de deux artistes habiles, qui plus d'une fois ont réuni leurs talens, n'est pas le moindre ornement de la Galerie de M. Massias.

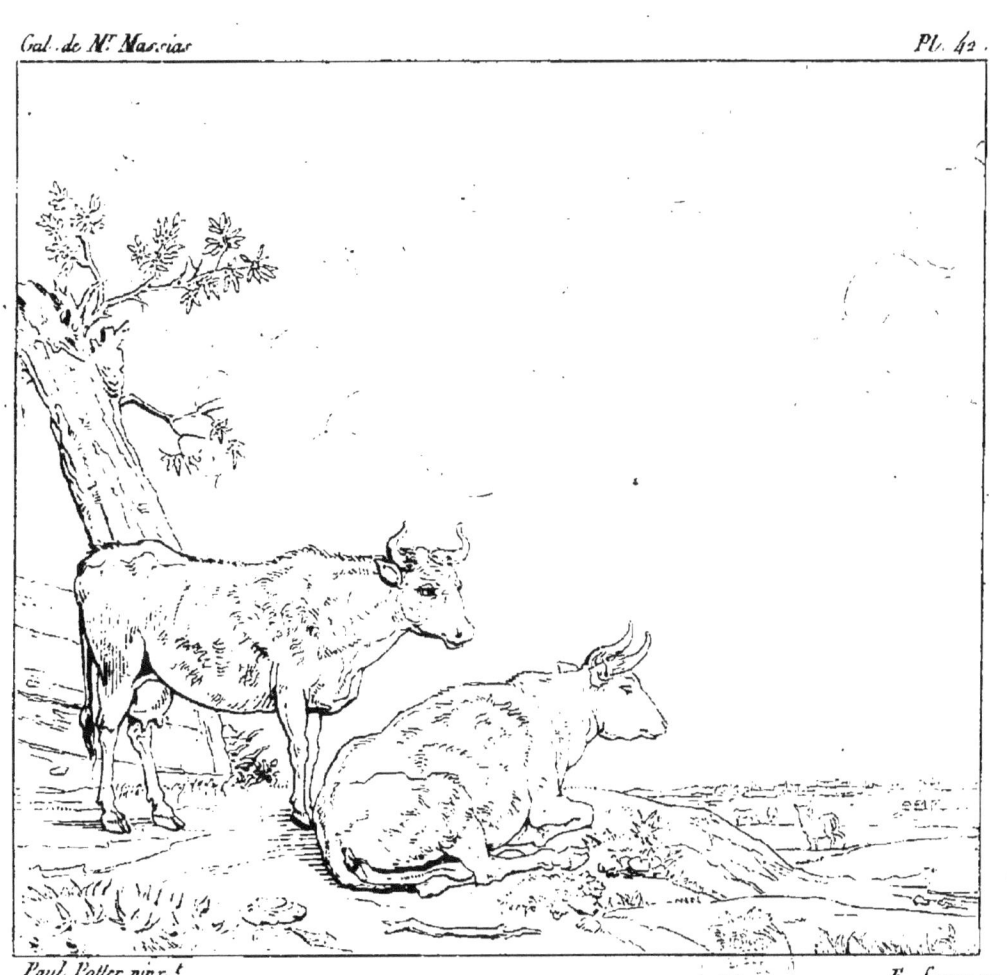

Planche quarante-deuxième. — *Tableau d'Animaux*,
par Paul Potter.

Peint sur bois : hauteur 11 pouces, largeur 1 pied.

Deux vaches se reposant dans un pâturage, l'une debout, l'autre couchée; des troupeaux paissant au loin dans une prairie, à l'extrémité de laquelle on aperçoit un village; un horizon très-peu élevé, un ciel d'un ton chaud et nébuleux, tels sont les objets que Paul Potter a représentés dans ce tableau, et qui se retrouvent à-peu-près les mêmes dans toutes les productions de cet artiste, dont la composition est en général peu variée; mais en revanche, quel naturel dans tout ce qu'il touche! quelle finesse, quelle transparence de coloris et quelle vigueur de ton et d'effet!

Ayant déjà eu plusieurs fois l'occasion de parler de Paul Potter, nous ne nous étendrons pas davantage sur le mérite de ses ouvrages, auxquels les amateurs attachent toujours un très-grand prix.

Le joli tableau, dont nous donnons le trait, porte la signature du maître.

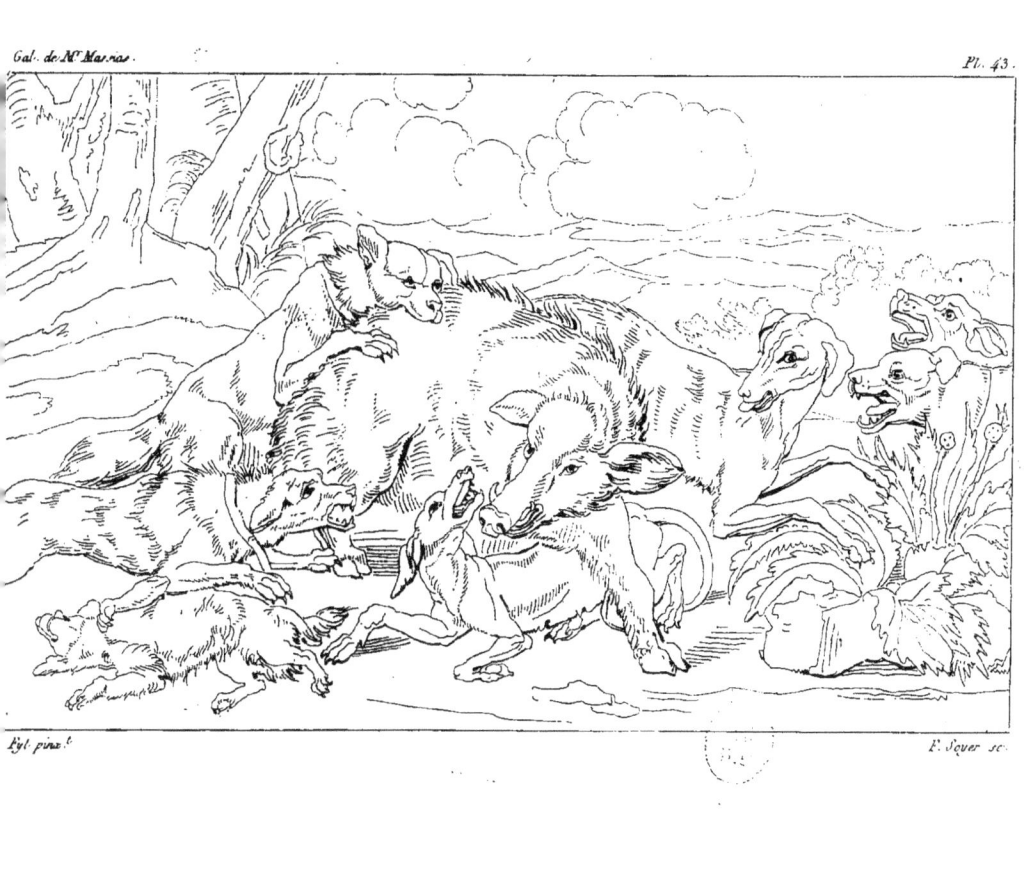

Planche quarante-troisième. — *Une Chasse au Sanglier.*
Tableau de Jean Fyt.

Peint sur toile : haut. 4 pieds 6 pouces, larg. 6 pieds.

Un sanglier, poursuivi par une meute, a déjà terrassé deux des chiens, et, malgré les efforts des autres, paraît continuer sa course avec assurance.

Jean Fyt, l'un des meilleurs peintres d'animaux que l'on puisse citer, mérita, par ses rares talens, de s'associer aux travaux des plus grands maîtres de l'école flamande, Rubens, Jordaens, etc. Sa couleur est vraie et fière; sa touche, tantôt légère, tantôt hardie, est toujours vive et animée. Il a également réussi à peindre les fleurs et les fruits et à imiter les bas-reliefs en pierre ou en marbre, les vases, et toutes sortes d'accessoires.

Jean Fyt est né à Anvers en 1625. On ignore l'année de sa mort. Ses ouvrages sont en grand nombre dans les Pays-Bas.

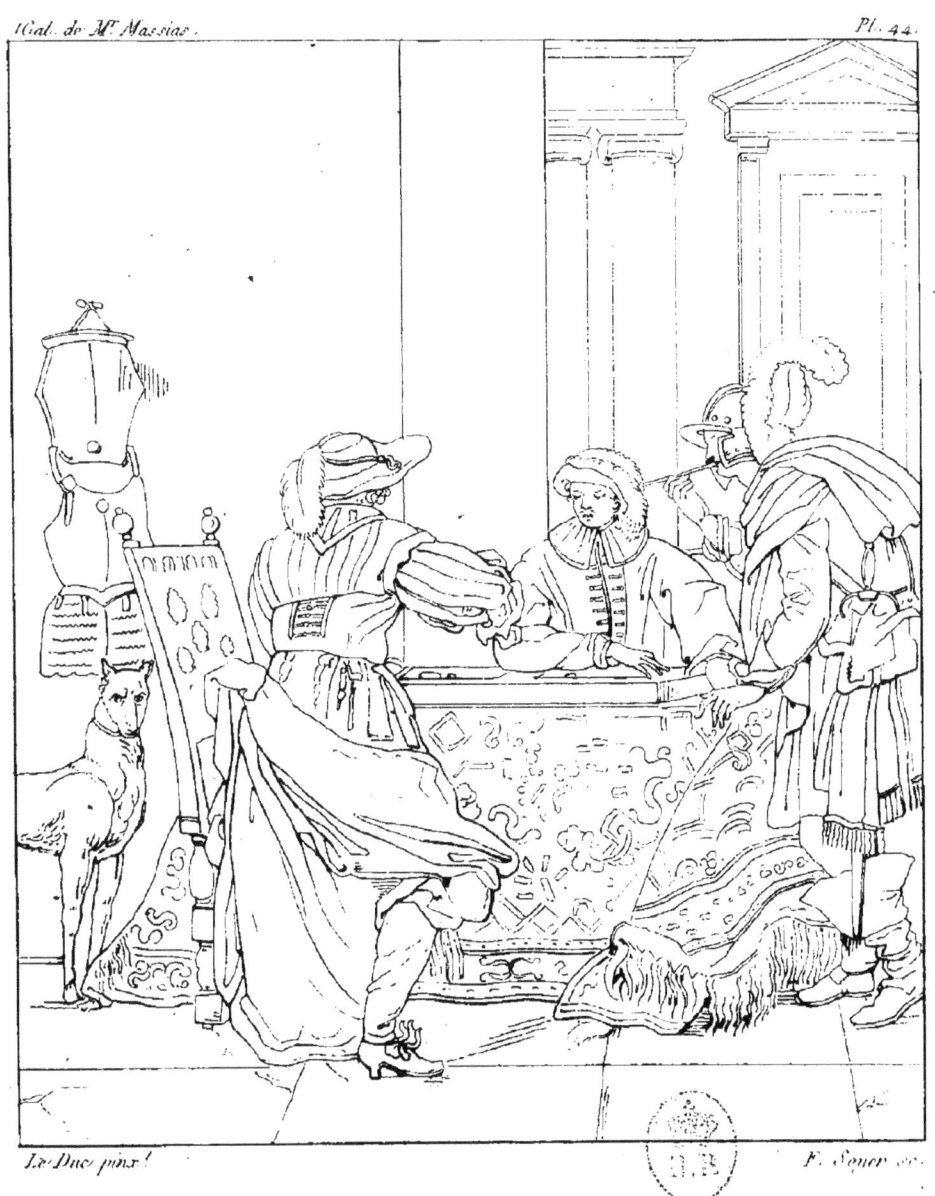

Planche quarante-quatrième. — *Intérieur d'un Corps-de-Garde. Tableau* de Jean le Duc.

Peint sur bois : haut. 2 pieds 8 pouces, larg. 2 pieds 1 pouce.

Deux militaires jouent aux dames, assis devant une table couverte d'un riche tapis. Un troisième, armé et ayant le casque en tête, les regarde jouer en fumant sa pipe. Dans le coin, à gauche, on aperçoit un chien; dans le fond, une armure suspendue à la muraille; à droite, un portique d'ordre ionique.

Une disposition agréable et naturelle de tous les objets qui entrent dans cette composition, un effet piquant et vigoureux, une touche légère, fondue, coulante, et surtout une harmonie de teintes argentines, toutes variées avec une intelligence rare, caractérisent ce morceau très-fin et très-précieux. Il méritait d'autant plus d'être recueilli, que l'artiste n'a pas produit un grand nombre d'ouvrages. Le Musée en possédait trois qui nous ont semblé fort inférieurs à celui-ci, encore l'un des trois était-il assez généralement attribué à Ov. d'Euren, peintre peu connu, et de l'école de Shalken.

Jean le Duc, né à la Haye en 1636, fut élève de Paul Potter, et était parvenu à imiter la manière de son maître au point de tromper les connaisseurs. Il s'appliqua aussi à peindre des intérieurs, des corps-de-garde; mais, par une bizarrerie singulière, et malgré les brillans succès qu'il obtenait chaque jour dans son art, il le quitta pour prendre le parti des armes. Il eut une place d'enseigne, et devint capitaine; on prétend même qu'il acquit le titre de brave; mais, en cessant de dessiner et de peindre, il renonça à un genre d'illustration qu'il n'aurait partagé qu'avec un bien petit nombre de rivaux. On ignore l'année de sa mort. Il avait vécu fort long-temps à la Haye, et y avait été, en 1671, directeur de l'académie de peinture.

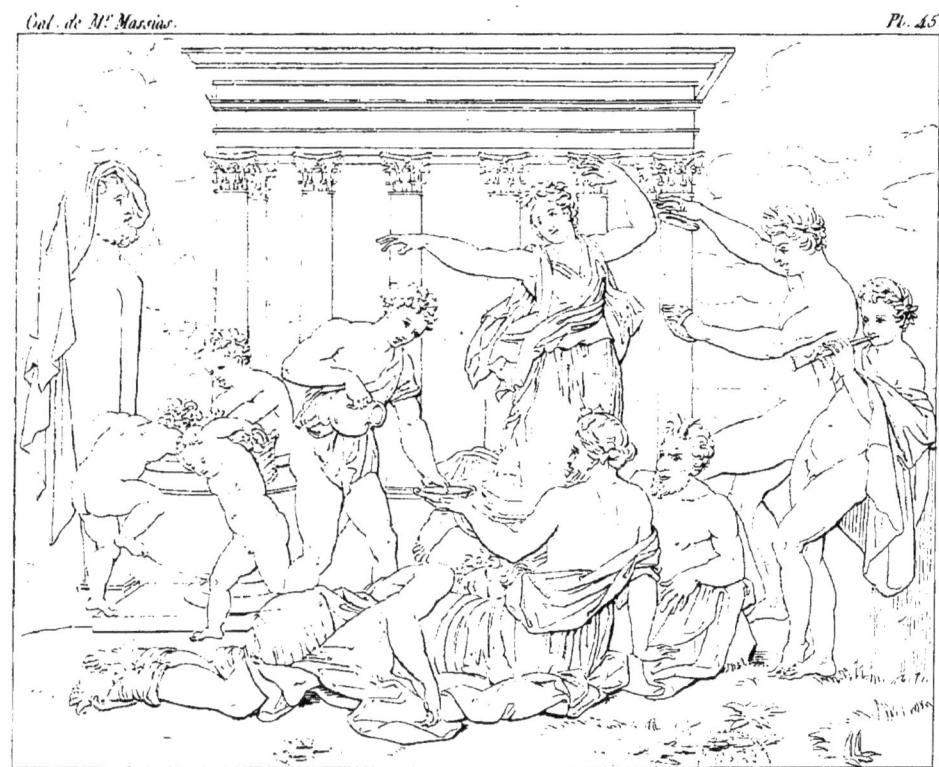

Planche quarante-cinquième. — Bacchanale. *Tableau*
de N. Poussin.

Peint sur toile : haut. 2 pieds 2 pouces, larg. 3 pieds 1 pouce.

Des enfans pressent la vendange dans une urne. Un jeune homme vient d'y puiser, et présente une coupe à une femme que caresse un vieux faune assis auprès d'elle ; sur les genoux de cette femme repose un jeune pâtre endormi. Plus loin, une jeune fille paraît chanter en dansant et jouant des castagnettes. Près d'elle sont deux faunes : le premier l'accompagne en agitant des cymbales ; l'autre joue de la flûte. De l'autre côté du tableau est un Terme dont la tête est à moitié cachée par une draperie. Le fond représente le péristyle d'un temple corinthien ; à droite la mer borne l'horizon ; à gauche on aperçoit des arbres et quelques édifices que dominent des montagnes très-élevées.

Personne n'a mieux connu que le Poussin l'art de varier son style et de le conformer au caractère des sujets qu'il avait à traiter. Tantôt grave et austère, tantôt enjoué et gracieux, il est toujours plein de raison et de goût, toujours noble et correct. Il ne lui a manqué que de posséder à un plus haut degré la vivacité du coloris et le charme du pinceau. Cependant il est juste d'observer que, si ce double mérite se rencontre rarement dans ses tableaux d'histoire, le Poussin brille éminemment sous ces mêmes rapports, lorsqu'il traite des sujets de paysages, presque toujours saisis d'après nature : il n'y laisse rien à desirer. Celui que l'on voit au Musée, et où il a représenté Diogène jetant son écuelle, ne le cède pour la finesse, la fraîcheur, et la vérité du ton, comme pour la beauté de la touche, à aucun autre de la main des premiers paysagistes des écoles flamande ou italienne.

Félibien, dans sa Vie du Poussin, cite une Bacchanale que ce peintre fit pour M. Dufresne, et dont la description, quoique très-succincte, pourrait faire croire qu'il avait sous les yeux celui dont nous donnons ici le trait ; mais nous ignorons si c'est le même que l'artiste peignit pour l'amateur français, et par quelle suite de circonstances il aurait pu passer dans le cabinet de M. Massias. C'est le seul tableau français qu'il ait compris dans sa collection.

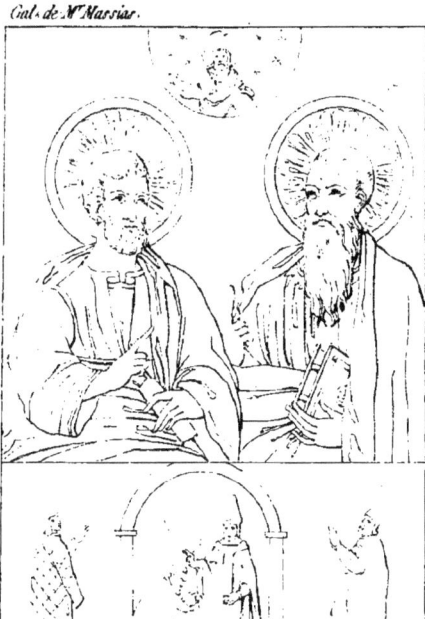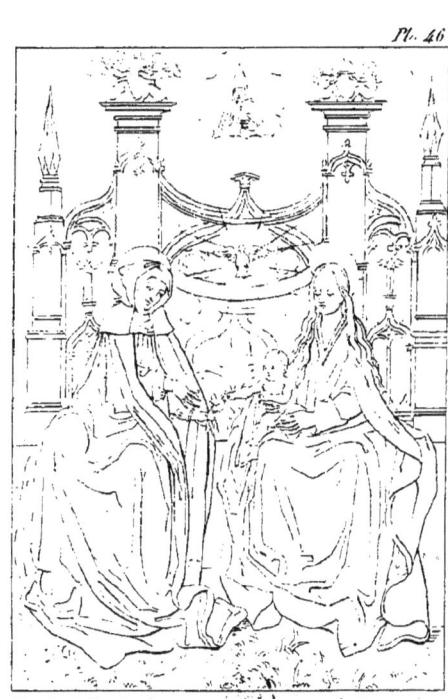

Planche quarante-sixième. — *Plusieurs Saints. Tableau attribué à un* Peintre grec. — *La Vierge, l'Enfant-Jésus et Sainte-Anne. Tableau de* Vander Goës.

Le 1er peint sur bois; hauteur 16 pouces, largeur 10 pouces.
Le 2e sur bois : hauteur 19 pouces, largeur 11 pouces.

On rencontre encore, dans quelques cabinets, de certains tableaux dont on ne peut désigner bien sûrement l'origine, mais dont le caractère et l'exécution marquent assez évidemment ce long période qui a suivi la décadence de l'art et précédé sa renaissance ; nous croyons devoir y reporter le premier de ces deux morceaux. A en juger d'après la sévérité et la simplicité du style dans les têtes et dans les draperies des deux figures principales, on a cru qu'il pourrait être de la main de quelqu'un de ces peintres grecs, arrière-disciples, si l'on peut s'exprimer ainsi, de l'antique école, dont il ne restait déjà plus aucune trace à l'époque où parut Cimabué, c'est-à-dire au commencement du treizième siècle. Le tableau dont il s'agit serait donc antérieur aux ouvrages de ce peintre, dans lesquels se montrent tous les signes de la barbarie et de l'enfance de l'art ; car ce ne fut que long-temps après Cimabué, que les Gaddo Gaddi, les Marguaritone, les Giotto, les Buffamalco, et quelques-uns de leurs contemporains commencèrent à appliquer à leurs productions ce raisonnement, cette correction qui faisaient pressentir le retour du goût noble et pur, qu'enfin les Raphaël, les Léonard de Vinci, les Corrège, et quelques autres grands peintres du quinzième siècle ont fait briller dans toute sa splendeur.

Quoique le tableau dont il s'agit ne soit pas sans mérite, on ne peut guère attribuer qu'à sa rareté ou à sa singularité le motif qui l'a fait admettre dans la galerie de M. Massias.

Nous en pouvons dire autant de celui qui fait le second sujet de la même planche. On y voit la Vierge assise, tenant sur ses genoux l'Enfant-Jésus, et ayant près d'elle Sainte-Elisabeth. Entre ces deux personnages est le Saint-Esprit, sous la forme d'une colombe; et dans la partie supérieure du tableau le Père éternel apparaît au milieu des nuages. Le fond représente une espèce de portique d'une architecture mauresque. Au dessin maigre et effilé des figures, à ces longues draperies dont le poids semble les écraser, à la sécheresse du pinceau, au soin minutieux qui a présidé aux plus petits détails, on reconnaît l'école de Van Eyck, dont Vander Goës fut le disciple. Ce dernier florissait vers l'an 1440. Il a donné dans plusieurs de ses ouvrages, quoiqu'empreints du style gothique, des preuves d'un génie élevé; il ne lui a manqué que de naître dans un temps où les principes et la pratique de l'art ont été mieux connus.

Gal. de M.r Massias.   Pl. 47.

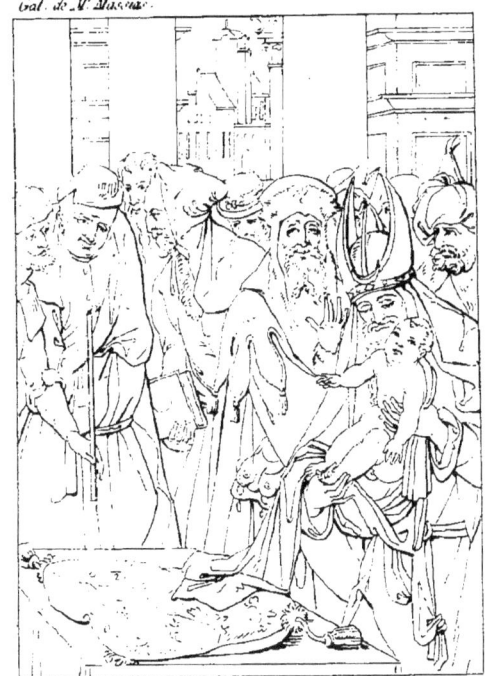
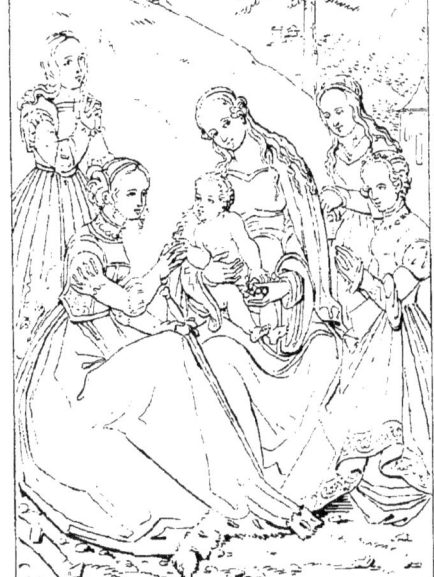

Van Eyck pinx.t   Luc Kranack pinx.t   C. Normand sc.

Planche quarante-septième. — *La Circoncision. Tableau de* Van Eyck. — *Le Mariage de Sainte-Catherine.* — *Tableau de* Luc Kranack.

<small>Le 1ᵉʳ peint sur bois ; hauteur 22 pouces, largeur 14 pouces.
Le 2ᵉ sur bois : hauteur 2 pieds, largeur 18 pouces.</small>

Ayant eu l'occasion, dans des articles précédens, de parler des deux peintres dont il s'agit dans celui-ci, nous n'avons rien à ajouter sur le mérite et sur le caractère de leurs ouvrages, que l'on ne conserve guères dans les cabinets du premier ordre que comme des pièces utiles à l'histoire de l'art.

Cependant nous observerons que la manière dans laquelle est exécuté le tableau de la *Circoncision*, attribué à Van Eyck, diffère essentiellement de celle qui distingue le second sujet de la planche précédente, gravé sous le nom de ce peintre. On a peine à croire que les deux morceaux soient de la même main, et nous ne serions pas surpris que l'on reconnût dans ce dernier le pinceau de Jean Hemmelinck, né en 1450, dans la petite ville de Damme, aux environs de Bruges. Cet artiste jouit dans son temps d'une grande réputation, et enrichit la ville de Bruges de plusieurs tableaux que l'on y conserve encore précieusement; ils sont peints à la colle d'œuf. Hemmelinck ne pouvait pourtant pas ignorer le secret de la peinture à l'huile, qui, depuis 80 ans, avait été trouvé et mis en usage dans la ville où il faisait sa résidence; mais il tenait à l'ancienne pratique par préjugé ou par habitude. Au surplus, ce qui reste aujourd'hui de ses ouvrages est d'une grande fraîcheur et d'une singulière vivacité de coloris.

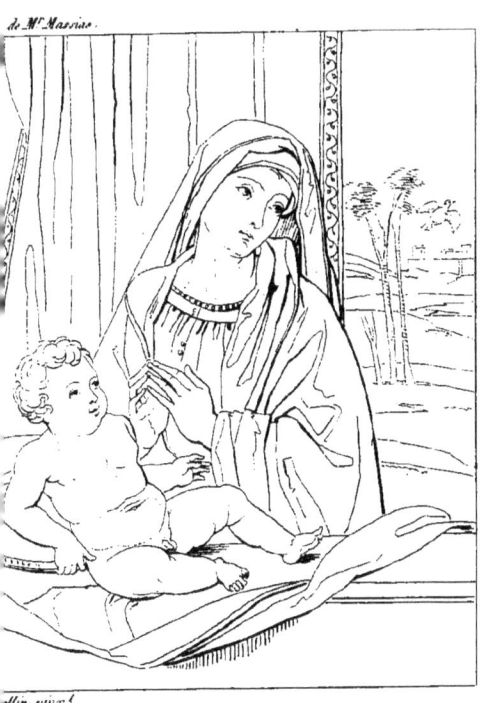 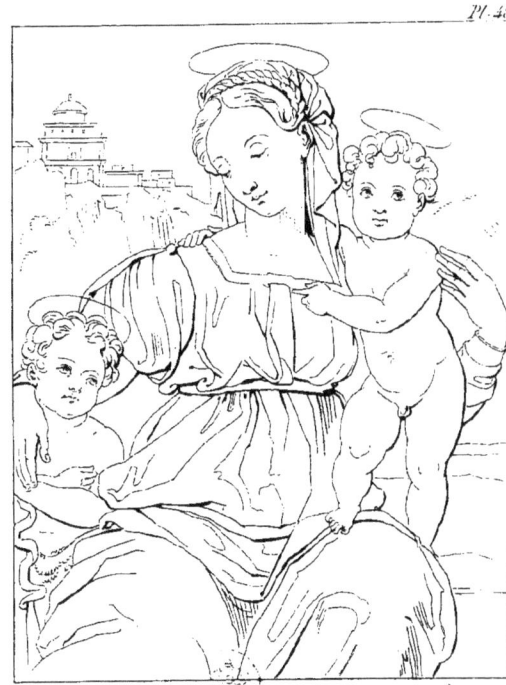

Pl. 43.

Alin. pinx.t Fr. Salviati pinx.t F. Soyer sc.

Planche quarante-huitième. — *La Vierge et l'Enfant-Jésus. Tableau* de Jean Bellin. — *La Vierge, l'Enfant-Jésus et le petit Saint-Jean. Tableau* de François Salviati.

Le 1ᵉʳ peint sur bois : haut. 2 pieds 6 pouces, larg. 2 pieds 3 p.
Le 2ᵉ sur bois : hauteur 3 pieds, largeur 2 pieds 6 pouces.

Si le premier de ces deux tableaux se distingue par la naïveté de l'expression et la simplicité du coloris, on y trouve aussi cette incorrection de dessin et cette sécheresse de pinceau qui dénotent l'enfance de l'art; mais il porte la signature de Jean Bellin, dont il nous reste, à la vérité, des productions beaucoup plus importantes et du meilleur temps de ce maître : elles ont signalé la première époque de l'Ecole vénitienne; et le Georgion, qui a illustré la seconde, avait reçu de Jean Bellin les premières leçons de son art.

Le tableau de la Sainte Famille, par François Salviati, se fait remarquer par une grande fraîcheur de coloris; il est fin, transparent et plein d'éclat. Le dessin, le goût de la composition et les airs de tête rappellent singulièrement la manière d'André del Sarto, dont François Salviati fut un des meilleurs disciples. On a quelquefois confondu leurs ouvrages, et l'on n'eût point fait tort à la réputation du maître en lui attribuant ici l'ouvrage de son élève.

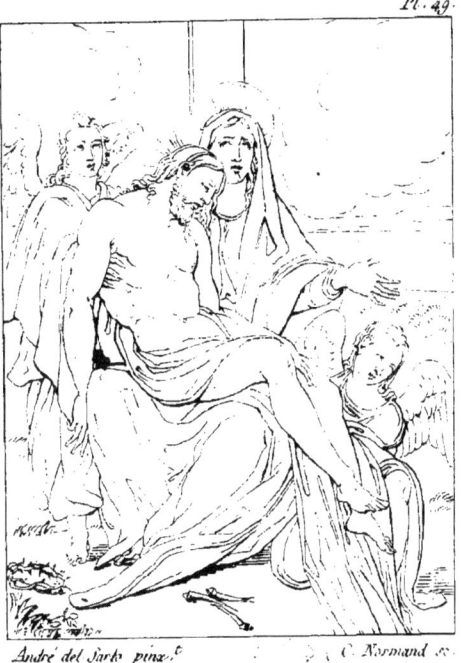

Gal. de M. Nasiu. Pl. 49.

Titien pinx.t   André del Sarto pinx.t   C. Normand sc.

Planche quarante-neuvième. — *La Vierge, l'Enfant-Jésus et le petit Saint-Jean.* Tableau du Titien. — *Le Christ mort sur les genoux de la Vierge.* Tableau d'André del Sarto.

<small>Le 1er peint sur toile ; haut. 1 pied 1 pouce, larg. 10 pouces.
Le 2e sur bois : hauteur 8 pouces, largeur 6 pouces.</small>

Le premier de ces deux tableaux, d'une composition gracieuse, d'un coloris vrai, d'un effet doux et harmonieux, ne laisse à désirer qu'une plus grande fermeté de dessin et même d'expression. Le second, par André del Sarto, peut être considéré comme une esquisse très-soignée, où la fraîcheur et la transparence des teintes s'unissent à la grâce et à la facilité du pinceau. L'attitude du Christ ne manque pas de naturel, mais cette figure qui n'a plus de soutien et est entièrement posée sur les genoux de la Vierge, n'est peut-être pas tout-à-fait selon les convenances et la dignité du grand et du beau style. Raphaël, le Dominiquin, Le Sueur ou les Carraches eussent autrement disposé ce groupe, susceptible du développement le plus noble et le plus pathétique.

Gal. de Mr Massias. Pl. 50.

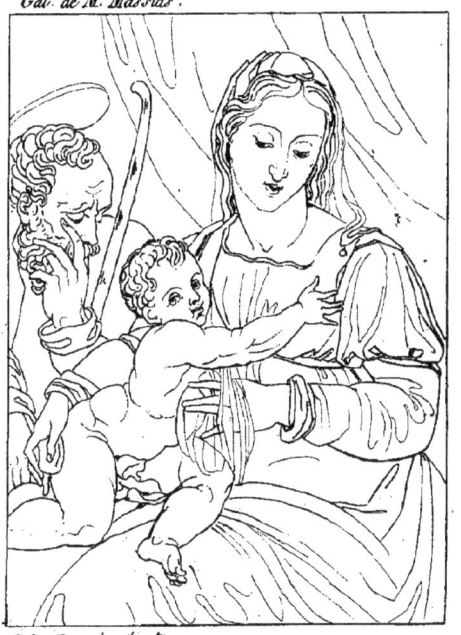
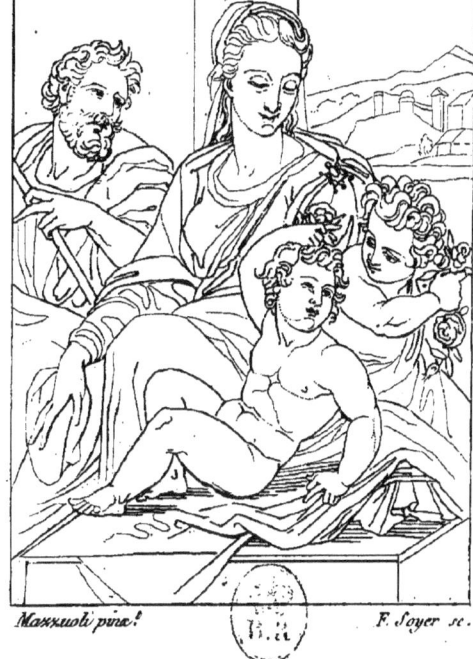

Jules Romain pinx.^t   Mazzuoli pinx.^t   F. Soyer sc.

Planche cinquantième. — *La Sainte Famille : Tableau de Jules Romain.* — *Autre Sainte Famille*, par Mazzuoli.

Le 1er peint sur bois : haut. 2 pieds 10 pouc., larg. 2 pieds 3 pouc.
Le 2e sur bois : haut. 2 pieds 2 pouces, larg. 2 pieds 1 pouce.

Instruit à l'école de Raphaël, Jules Romain eut le bonheur de s'approprier son style toujours noble et correct, et quelquefois sublime. S'il n'a pu lui dérober ce charme délicat et naïf, cette grâce enchanteresse qui distinguent Raphaël parmi tous les artistes, du moins il sut imprimer à toutes ses productions un caractère de grandeur, de fierté, d'originalité, qui le placent à côté de son maître.

On reconnaît les traces de ce style élevé dans le premier des deux tableaux qui font le sujet de cet article. La Vierge, assise, tient sur ses genoux l'enfant Jésus, qui se joue dans les bras de sa mère. Les regards de la Vierge, doucement inclinés, donnent à ses traits une expression mêlée de joie, de dignité et de modestie. Près d'eux est S. Joseph dans l'attitude de la méditation.

La figure de l'enfant Jésus semblerait, quoique un peu forcée dans son attitude, être une imitation de celle que Raphaël a peinte dans le fameux tableau de la Sainte Famille dont il fit hommage à François Ier, et que beaucoup de personnes considèrent comme étant l'ouvrage le plus parfait qui soit sorti de son pinceau. Sans doute on ne sera pas tenté de reprocher cette réminiscence de la pensée du maître à un disciple tel que Jules Romain.

Galerie de M. Massias.

La tête et les draperies de la Vierge sont bien peintes et touchées largement. La tête de l'enfant Jésus, traitée d'une manière plus vive, est en quelque sorte heurtée, et l'on desirerait dans d'autres parties ces légères demi-teintes dont l'effet est d'arrondir les formes et de lier les ombres aux lumières. Il y a donc lieu de croire que Jules Romain, dont la touche a quelquefois le défaut d'être polie et léchée dans ses tableaux de chevalet, aura cédée dans celui-ci à la fougue de son imagination, et laissé courir plus librement son pinceau; peut-être même ne le regardait-il pas comme entièrement terminé (du moins à en juger d'après la tête de S. Joseph), et se proposait-il de revenir sur ce travail. Les amateurs y connaîtront mieux que dans une composition plus étudiée l'esprit et la verve du maître.

Le second tableau, dont le sujet est également une Sainte Famille, est attribué à Mazzuoli. Le catalogue ne donne pas d'autre indication. Elle eût été d'autant plus nécessaire, que huit peintres sont connus sous le nom de Mazzuoli. Six d'entre eux sont de la même famille, et Parme est le lieu de leur naissance. Les trois premiers sont Pierilario Mazzuoli et ses deux frères Michel et Philippe. Le quatrième, François Mazzuoli, dit le Parmesan, fils de Philippe, et le plus célèbre de tous, étudia le style du Corrège. Jérôme, cousin de François, se distingua aussi par de beaux ouvrages. Le sixième, Alexandre, fils de Jérôme, fut un faible imitateur de la manière gracieuse qui avait illustré ses devanciers.

Les deux autres sont Giuseppe Mazzuoli, dit *il Bastaruolo*, de Ferrare, qui s'attacha au coloris du Titien; et Annibal Mazzuoli, de Sienne, peintre médiocre, mort en 1743. Les premiers florissaient vers le milieu du seizième siècle.

Le tableau dont il s'agit est d'une composition gracieuse, et se fait moins remarquer par la force de l'expression et la correction du dessin, que par la fraîcheur du coloris.

Gal. de Mr Massias.

Pl. 52.

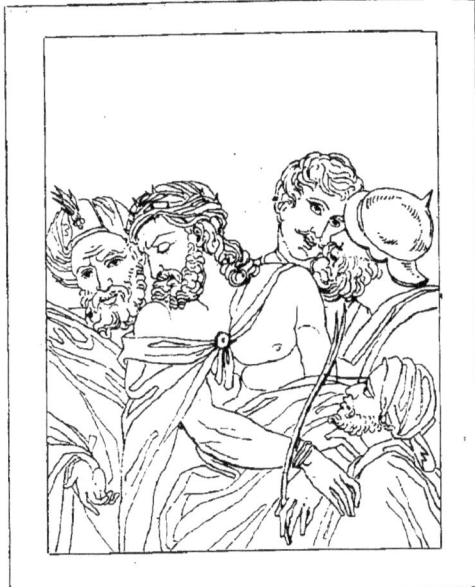

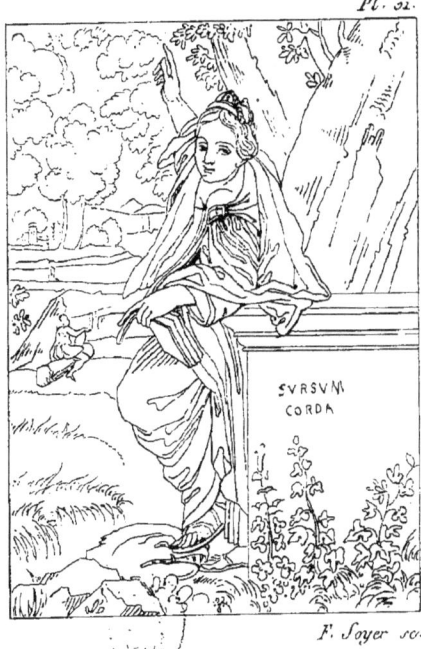

A. Carache pinx.^t

F. Soyer sc.

Planche cinquante-unième. — *Le Christ couronné d'épines : Tableau d'Annibal Carache.* — *Sainte Marguerite : Tableau du même.*

Le 1ᵉʳ peint sur cuivre : hauteur 8 pouces, largeur 6 pouces.
Le 2ᵉ sur cuivre : hauteur 9 pouces, largeur 7 pouces.

Le Christ couronné d'épines et présenté au peuple. Composition de cinq figures vues à mi-corps, d'une expression simple et vraie, d'un coloris fin, brillant, et d'un fini précieux. Ce tableau provient du cabinet d'un riche amateur, et avait été décrit précédemment par M. Le Brun, dans un de ses catalogues, comme *une des plus rares productions d'Annibal Carache*. Cependant le caractère et l'ajustement des personnages groupés autour du Christ, le dessin des nus et le faire en général semblent ne rappeler qu'imparfaitement le style de ce grand peintre. Quelques personnes même l'ont attribué à Diétricht, dont le talent facile et varié a su se plier à tous les genres et saisir diverses manières. Si ce morceau est de Diétricht, c'est sans contredit un de ses meilleurs ouvrages ; et quel qu'en soit l'auteur, le tableau est digne d'occuper une place distinguée dans cette galerie, dont le catalogue est conforme à la première tradition.

Le petit tableau de Sainte Marguerite foulant aux pieds le dragon, n'est pas moins remarquable par l'élégance et la correction du dessin, le style des draperies et le goût du paysage, que par le fini et la grâce du pinceau. On y retrouve ce qui caractérise l'école des Caraches. La seule figure dont il se compose est, à quelques différences près dans les plis du vêtement, l'exacte répétition en petit de celle qu'Annibal a placée dans un grand tableau qui a fait partie du Musée de France, et dont nous avons inséré le trait dans un des volumes de la collection des *Annales*. Le sujet est l'apparition de la Vierge, de l'enfant Jésus, et des quatre évangélistes à S. Luc, peintre, et à Sainte Catherine d'Alexandrie. Les paysages de ces deux tableaux n'ont aucun rapport, et la figure de la sainte est plus développée dans le sujet qui fait partie de cette planche que dans celui du Musée. Ajoutons que le goût d'exécution de cette figure, et surtout la fraîcheur du paysage, dont la touche est brillante, fine et gracieuse, paraîtrait indiquer le pinceau de l'Albane, élève du Carache. Il ne nous semble pas hors de vraisemblance que l'élève ait emprunté et répété avec quelques changemens, sous les yeux même du maître, une figure d'un de ses plus beaux tableaux pour en composer un sujet isolé.

Pl. 52.

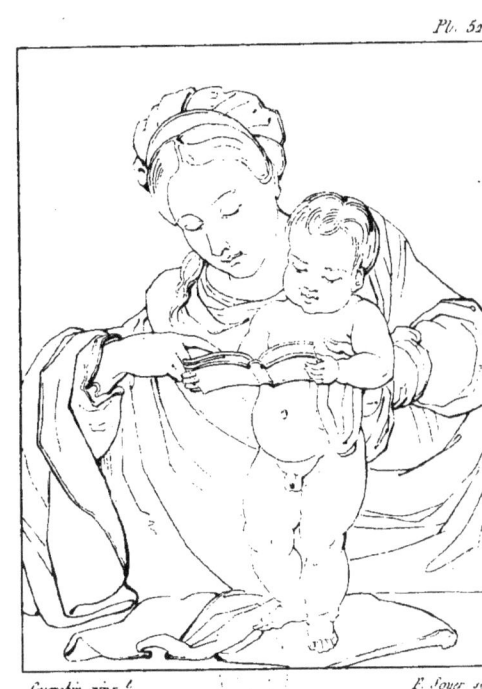

Guerchin pinx.^t F. Squer sc.

Planche cinquante-deuxième. — *David tenant la tête de Goliath : Tableau du Giorgion.* — *La Vierge et l'enfant Jésus*, par le Guerchin.

Le 1ᵉʳ peint sur toile : hauteur 2 pieds 6 pouces, largeur 2 pieds.
Le 2ᵉ sur toile : haut. 2 pieds 2 p., larg. 2 pieds 1 p.

David vient de couper la tête de Goliath; et, dans une attitude calme et fière, il s'appuie sur cette tête monstrueuse, dont les formes gigantesques contrastent avec les traits du jeune vainqueur. Tel est le sujet du premier tableau On y trouve réunies la fermeté de l'expression, la vigueur des ombres et la franchise des lumières. Ici la richesse du ton, soit dans les nus, soit dans les draperies, ne nuit point à l'harmonie de l'ensemble. Si cette demi-figure était de la main du Guide, de celle du Dominiquin, ou de l'un des Caraches, elle offrirait sans doute plus d'idéal dans les contours, mais non pas une couleur plus vraie, une touche plus vive et plus hardie.

Le second tableau représente la Vierge montrant à lire à l'enfant Jésus. Si la vérité, qui n'est jamais sans une sorte de charme, pouvait tenir lieu de la grâce et de la beauté, qui sont le grand objet de l'art, peu de peintres pourraient prétendre à surpasser ou même à égaler le Guerchin. Dans le sujet de la Vierge et de l'enfant Jésus, l'expression, la pose et le dessin sont naturels et n'ont rien d'exagéré. Les deux figures reçoivent une grande force de relief de l'heureuse disposition des ombres et des lumières, et des reflets que le peintre y a su ménager.

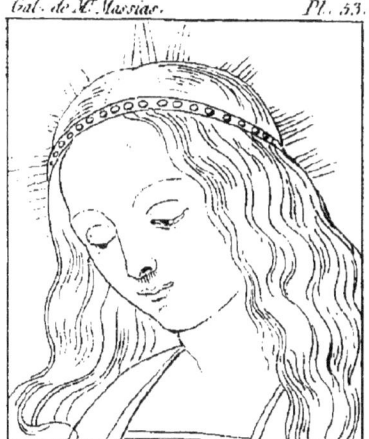

Léonard de Vinci pinx.*

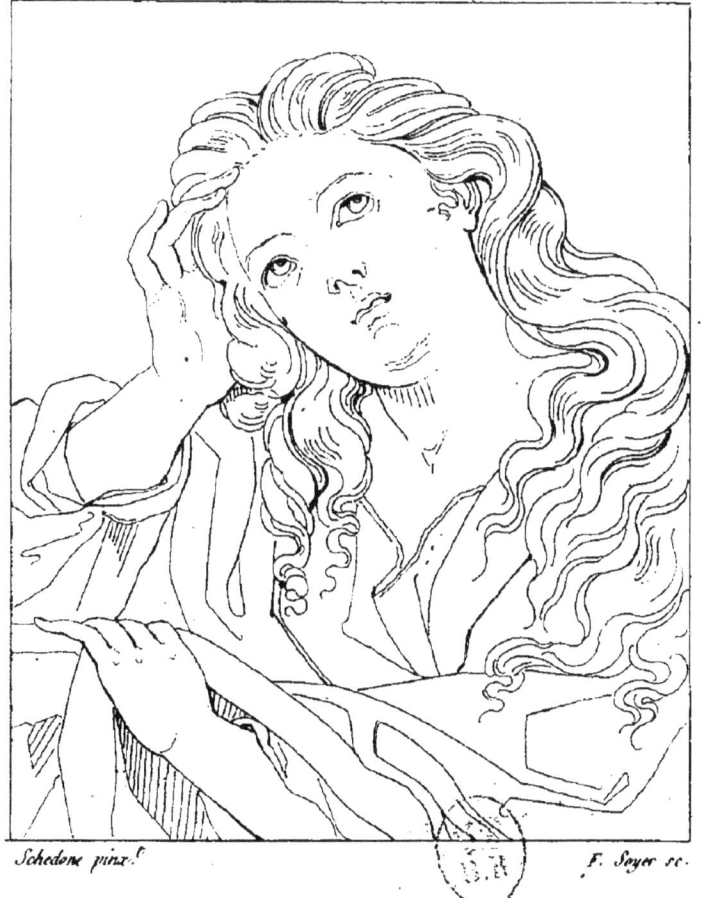

Schedone pinx.*   F. Soyer sc.

Planche cinquante-troisième. — *Tête de Vierge*, par Léonard de Vinci. — *La Madeleine*, par Schedone.

Le 1ᵉʳ peint sur bois : hauteur 8 pouces, largeur 6 pouces.
Le 2ᵉ sur bois : hauteur 9 pouces, largeur 7 pouces.

Un coloris fin, virginal, une expression de candeur, d'innocence et de modestie distinguent cette charmante tête de Vierge. Ses cheveux ondoyans, retenus par un rang de perles, tombent négligemment sur ses épaules. Des rayons de lumière forment autour de son front une auréole qui fait le fond du tableau. On pourrait croire au premier coup-d'œil que ce morceau, exécuté avec autant de naïveté que de délicatesse, est l'étude de la Vierge *aux rochers* que l'on a vue au Musée du Louvre. En effet, on y trouve quelques rapports pour l'aspect du visage et le goût de la coiffure. Mais le mouvement du col et la position du corps ne sont pas les mêmes dans l'un et dans l'autre tableau, et ils diffèrent encore plus pour le mode d'exécution. La Vierge du Musée est d'un ton ferme, vigoureux, et les ombres sont même poussées jusqu'au noir. L'étude dont nous donnons ici le trait est d'un ton léger, transparent et argentin.

La grâce de Schedone, sa touche moëlleuse, et surtout cette intelligence du clair-obscur qui le distingue, se retrouvent dans le tableau de la Madeleine, dont cette même planche offre les contours. Le mouvement de la tête, celui de la main sur laquelle elle s'appuie, ses regards élevés vers le ciel, sa bouche, d'où paraît s'exhaler un profond soupir, annoncent que cette jolie esquisse a été peinte d'inspiration. Le tableau pour lequel, selon toute apparence, elle a été faite, a été assez bien gravé en Italie ; mais la tête est loin d'offrir dans l'estampe la même expression et le même sentiment que dans l'esquisse.

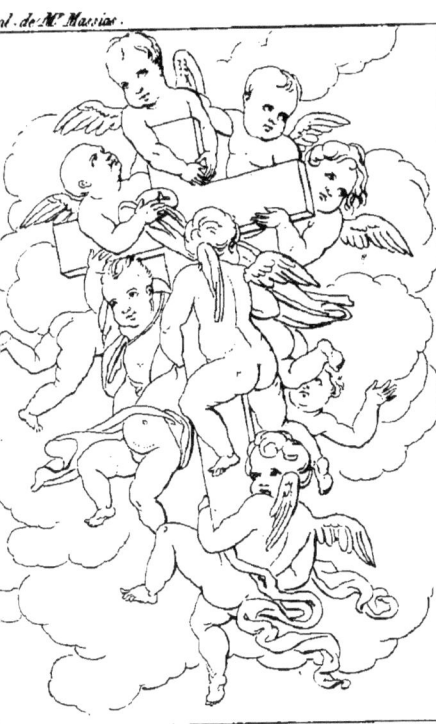
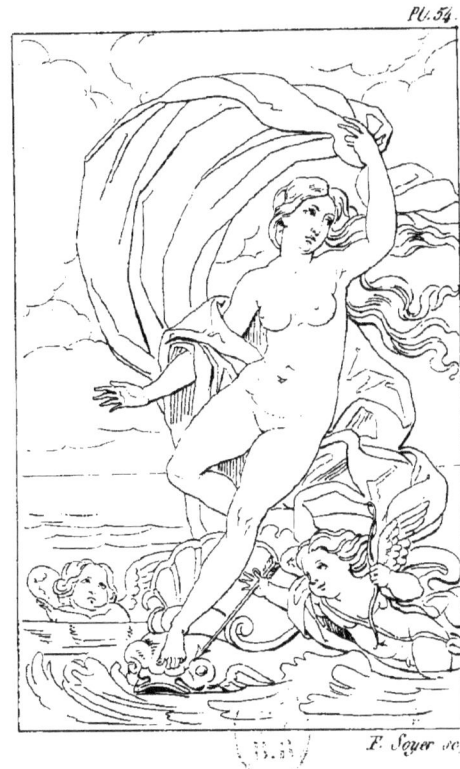

Planche cinquante-quatrième. — *Des Anges portant la croix* : *Tableau de l'*Albane. — *Galatée sur les eaux* , par le même.

Ces deux tableaux, dont le premier est sur bois et le second sur toile, ont 13 pouces de haut sur 8 pouces de large.

Onze enfans ailés, dans les attitudes les plus variées et les plus gracieuses, supportent la croix, autour de laquelle ils semblent groupés. Rien de plus frais, de plus brillant que le coloris de ce tableau, qui semble offrir à l'œil une grappe de jeunes amours suspendus dans les airs. Il a été gravé par Picart.

Le second morceau représente Galatée. La Néréide a le pied gauche appuyé sur la tête d'un dauphin ; et, relevant d'une main son voile qui flotte au gré des vents, elle glisse rapidement sur la surface des ondes. Un amour, à moitié plongé dans les flots, presse de son dard le monstre marin. Ce tableau, qui fait le pendant du premier, suffirait pour assurer à l'Albane le surnom qui lui a été donné de peintre des Grâces et des Amours.

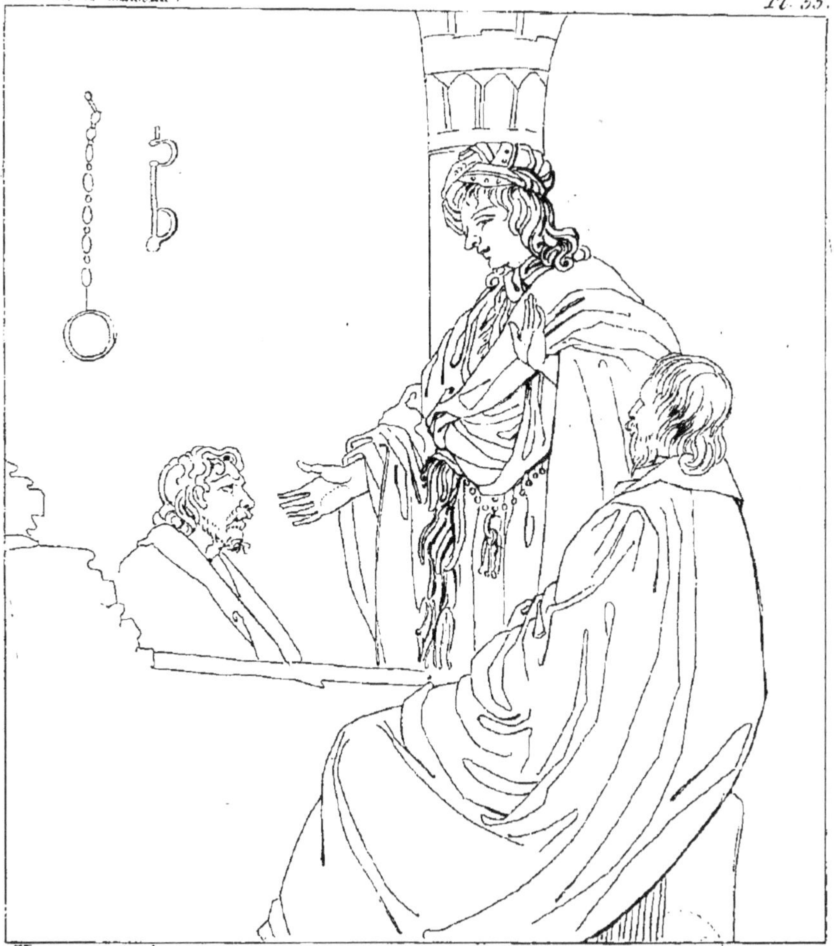

Gal. de M.' Massias. Pl. 55.

Van Droost pinx.' F. Soyer sc.

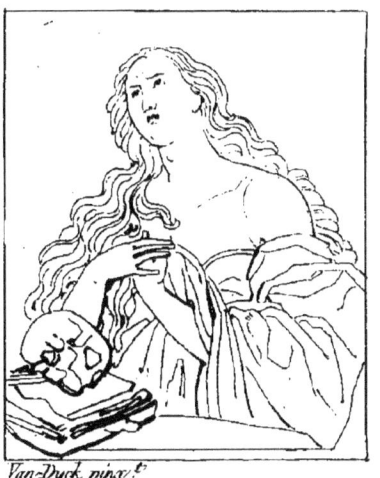

Van Dyck pinx.'

Planche cinquante-cinquième. — *Joseph expliquant les songes dans la prison :* Tableau de Vuillaume Drost. — *La Madeleine :* Tableau de Van Dyck.

Le premier peint sur bois : hauteur 10 pouces, largeur 8 pouces.
Le second sur toile : haut. 3 pieds, larg. 2 pieds 1 pouce.

Joseph, dans la prison, donne au pannetier et à l'échanson de Pharaon l'explication de leurs songes. Ceux-ci semblent l'écouter avec une curiosité mêlée d'inquiétude. Le fils de Jacob, placé debout entr'eux, est vêtu d'un manteau verdâtre et coiffé d'un turban.

Sans doute il ne faut chercher dans les productions de cet élève de Rembrandt ni la noblesse des caractères, ni la correction des formes, mais on y trouve l'effet piquant et le coloris harmonieux qui distinguent le maître. Cette scène d'intérieur est éclairée d'une manière vive et tout-à-fait pittoresque.

Quoique Vuillaume Drost ait suivi la manière de Rembrandt, un long séjour qu'il fit à Rome lui avait donné un meilleur goût d'ajustement et de dessin. Les ouvrages de ce peintre sont peu connus. Houbrakin cite un de ses tableaux qu'il avait vu, et dont le sujet est S. Jean prêchant dans le désert. Cet auteur assure que, pour le dessin et le coloris, ce morceau était digne du pinceau d'un grand maître.

Cette belle demi-figure, peinte de grandeur naturelle, dont la même planche offre le trait au-dessous du tableau de Drost, représente la Madeleine, les mains croisées sur la poitrine, les cheveux épars et les yeux élevés vers le ciel. Ce morceau porte la signature de Van Dyck, et doit avoir été exécuté en Italie ; il n'offre de vestiges du goût flamand que ce qu'il en fallait pour faire reconnaître la main du premier disciple de Rubens. On sait que Van Dyck, durant le séjour qu'il fit à Rome et à Venise, s'attacha aux ouvrages des grands maîtres, copia plusieurs de leurs tableaux, enfin étudia particulièrement leurs airs de têtes. De retour dans sa patrie, Van Dyck perdit insensiblement cette sévérité de style qu'il avait acquise dans ses voyages ; et il est aisé de distinguer les tableaux, peu nombreux à la vérité, qu'il peignit en Italie, de ceux dont il a enrichi les principales villes de Flandre.

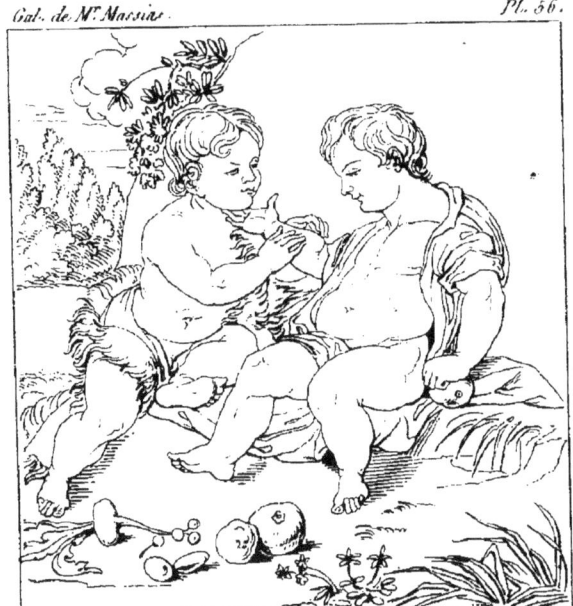

Planche cinquante-sixième. — *Deux Enfans*, par Rubens. — *Tableau de Paysage*, par Pinaker.

Le premier peint sur toile : haut. 2 pieds 5 p., larg. 2 pieds 1 p.
Le second peint sur bois : haut. 1 p. 10 p., larg. 2 p. 1 p.

Deux enfans sont assis au pied d'un rocher environné de plantes et d'arbustes. Ils jouent et se caressent en souriant avec grâce. L'un d'eux a la main fermée qu'il appuie sur une pomme : d'autres fruits sont répandus à leurs pieds. Dans le lointain, à gauche, est un paysage d'un ton vigoureux. On est d'autant plus porté à prendre ce joli groupe pour celui de l'Enfant Jésus et de S. Jean, qu'ils ont pour vêtement l'un la peau d'agneau que l'on a coutume de donner au jeune précurseur de Jésus, l'autre une simple chemise ouverte. Au surplus, ces deux figures se retrouvent dans un tableau de Sainte-Famille, du même auteur ; et quoique Rubens les ait placés dans celui-ci sans leur donner tous leurs attributs ordinaires, il ne paraît pas avoir eu l'intention d'en changer le caractère primitif. Ce morceau est du coloris le plus agréable, et joint à ce mérite un certain choix d'expression qui distingue les ouvrages que Rubens a exécutés pendant son séjour en Italie.

Le sujet du second tableau dont cette planche offre le trait, est un paysage d'Adam Pinaker, effet de soleil couchant. Sous un ciel d'une teinte dorée et vaporeuse s'élève une masse de rochers que surmontent quelques touffes d'arbres. Au bas est une marre où viennent s'abreuver des animaux. Près de là, un pâtre et une vieille femme se reposent des fatigues du jour. Plus loin on aperçoit un voyageur et deux chevaux. Les devants du tableau sont ornés de plantes. Le tout présente une composition pittoresque, un effet piquant, une touche fine et spirituelle.

Pinaker, né en 1621, dans le bourg de Pinaker, aux environs de Delft, alla fort jeune à Rome, où il copia les ouvrages des plus grands maîtres, et consacra trois années à l'étude de la nature et de l'antique. Aussi, de retour dans son pays, donna-t-il des preuves de talent qui le firent rechercher. L'usage était alors d'orner les appartemens de grands tableaux, et il en décora les principales maisons. Ce goût ayant été remplacé par celui des tapisseries, les meilleurs ouvrages de Pinaker furent relégués dans des garde-meubles, et bientôt oubliés. On n'a conservé que ses petits tableaux. Il peignait aussi bien les figures que le paysage. Pinaker mourut en 1673.

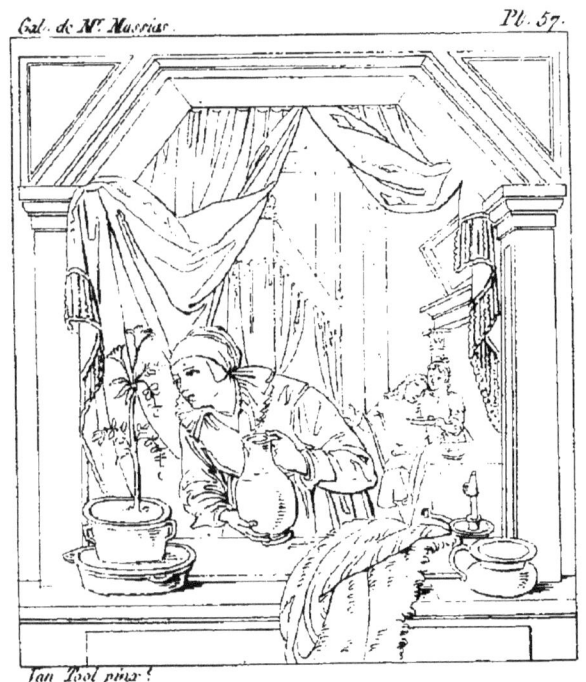

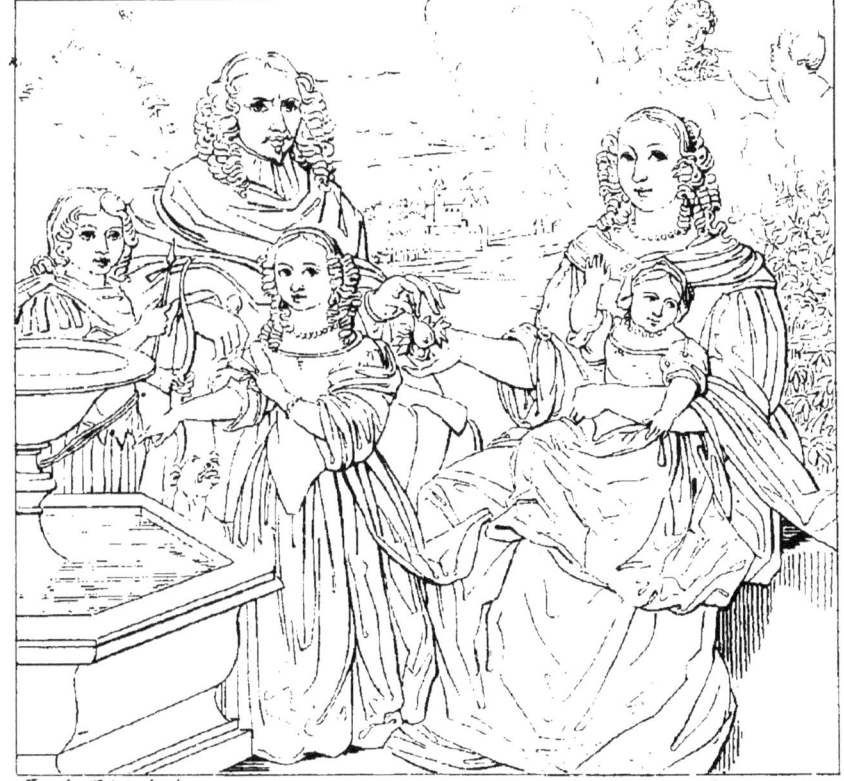

Planche cinquante-septième. — *Une Femme arrosant un pot de fleurs :* Tableau de Van Tool. — *Portrait d'un Stathouder et de sa famille,* par Vander Heelst.

Le premier peint sur bois : haut. 1 pied 4 p., larg. 1 pied 1 p.
Le second sur toile : haut. 4 pieds 11 pouces, larg. 5 pieds.

Une femme arrose un pot de fleurs posé sur le bord d'une croisée, où sont placés plusieurs ustensiles. Le fond du tableau représente l'intérieur d'une chambre; on y voit deux personnes devant une table.

Van Tool est un de ceux qui ont le plus approché de la manière de Gérard Dow. On retrouve dans ses ouvrages la couleur et l'harmonie de ce maître, mais ils n'en ont pas le fini : il en a cependant produit de fort beaux, dont quelques-uns ont mê meété attribués à Gérard Dow.

Portrait de famille d'un Stathouder dans un jardin, par Vander Heelst. — Le prince offre à son épouse des fruits et des fleurs d'orange, emblèmes du nom de sa maison. On voit avec eux leurs cinq enfans, dont l'un est assis sur les genoux de sa mère, et deux jouent près d'une fontaine; deux autres, enlevés par une mort prématurée, sont représentés sous la figure de deux anges au milieu des nuages, et tenant des couronnes. On voit dans le lointain un château gothique sur le bord d'une rivière.

Un sujet de cette nature, à moins qu'il ne rappelle des personnages connus, et dont l'histoire nous ait transmis les vertus ou les belles actions, ne peut guère intéresser que par le mérite de l'exécution; mais lorsque ce mérite s'y rencontre à un très-haut degré, comme dans les beaux portraits du Titien, de Rubens, de Van Dyck, de Rembrandt et de quelques autres, ils tiennent toujours une place distinguée dans les cabinets des amateurs.

Comme peintre de portraits, Vander Heelst ne le cède peut-être à aucun de ceux que nous venons de citer; il peignait d'une grande manière; ses draperies sont larges et parfaitement rendues, ses figures bien dessinées, ses carnations vraies et du plus beau fini.

Ce peintre, né à Harlem, en 1613, est mort à Amsterdam, où il demeura toujours. C'est dans cette ville que sont restés ses principaux ouvrages : on en trouve dans plusieurs endroits de la Frandre et de la Hollande. Ils sont très-rares en France, où ce maître n'est connu que depuis quelques années. On a vu au Musée deux morceaux de Vander Heelst; l'un représente des bourguemestres distribuant le prix du jeu de l'arc, tableau de chevalet; l'autre, un homme vêtu de noir, tenant son chapeau à la main.

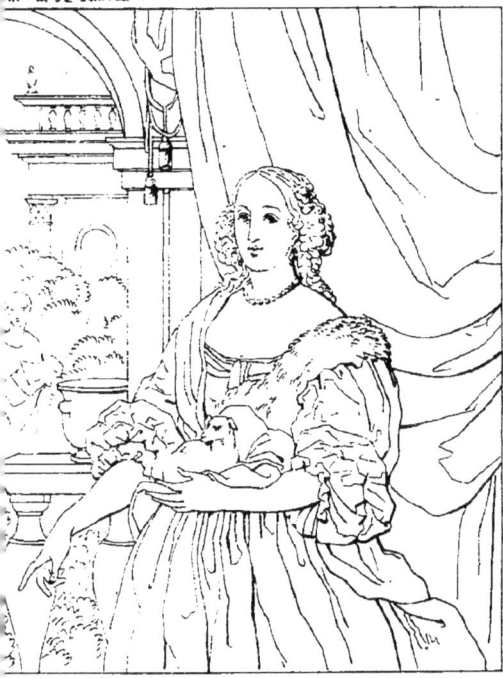
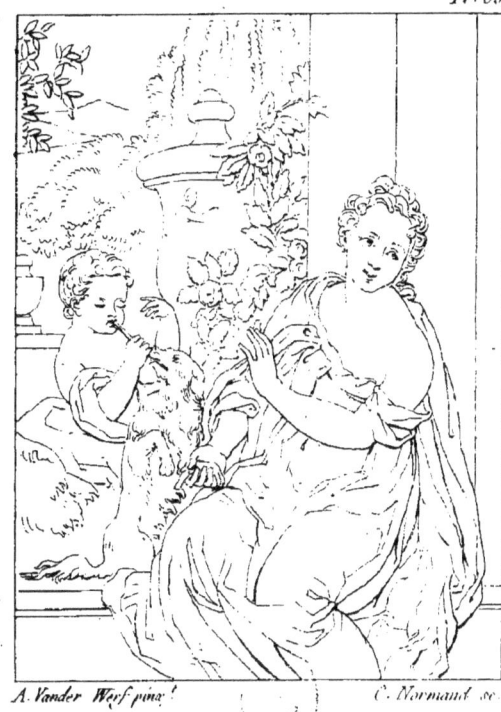

Pl. 58.

A. Vander Werf pinx.t   C. Normand sc.

Planche cinquante-huitième. — *Portrait de femme*, par François Miéris. — *Une Jeune Fille jouant avec un chien*, par Vander Werf.

Le premier peint sur bois : hauteur 11 pouces, largeur 9 pouces.
Le second sur bois; haut. 9 pouces, larg. 7 pouces.

Le fond du premier tableau représente un jardin orné d'architecture et d'une statue drapée. Sur le devant est une femme, debout, en robe de satin blanc dont l'éclat contraste avec quelques autres parties de son ajustement, d'une couleur forte et vigoureuse. Sur son épaule droite est un voile transparent; elle tient dans sa main gauche un petit chien, et semble indiquer quelque chose de la droite. La tête se détache sur un rideau dont la partie inférieure est relevée.

En voyant ce morceau exécuté avec beaucoup de soin et dont les draperies sont parfaitement rendues, on regrette que l'artiste n'ait pas eu à peindre un plus jeune et plus joli modèle. Les bras, les mains, la poitrine sont d'une finesse de ton qui ne fait que mieux sentir la maigreur des formes.

Le second sujet, représentant une jeune fille qui fait danser un chien, tandis qu'un petit garçon placé derrière elle joue du flageolet, est sans doute une des plus agréables productions de Vander Werf. Dessin, expression piquante, choix de draperies, couleur, effet vigoureux et harmonieux, pinceau moëlleux, fini et toutefois exempt de cette froideur qu'on retrouve dans quelques tableaux du même artiste, ont fait remarquer celui-ci comme un des objets les plus précieux de la collection.

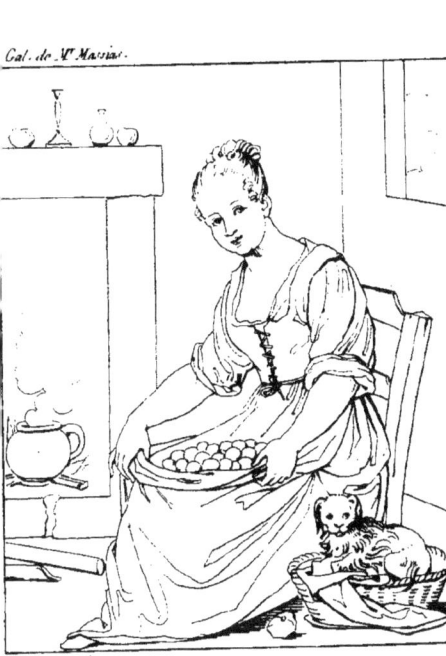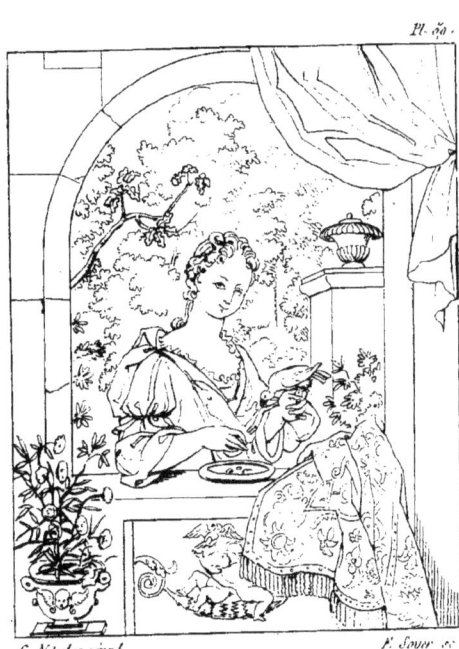

Planche cinquante-neuvième. — *La Vendeuse de Marrons : Tableau* de Murillo. — *Une Jeune Fille donnant à manger à un perroquet*, par Constantin Netscher.

Le premier peint sur toile ; haut. 1 pied 2 pouces, larg. 11 pouces
Le second sur toile ; haut. 1 pied 4 pouces, larg. 1 pied.

La vendeuse de marrons, joli tableau du genre familier. Murillo qui s'est montré digne de traiter les sujets du style le plus élevé, n'a pas dédaigné ceux que présente la nature commune, et s'il ne les a pas toujours ennoblis, du moins il a su les exprimer d'une manière piquante, et en soutenir l'effet par la richesse et la vigueur du coloris.

Constantin Netscher, fils et élève de Gaspard Netscher, est l'auteur du second tableau. Cet artiste qui n'a pas atteint le talent de son père, s'est attaché plus particulièrement à peindre des portraits : il fut très-recherché parce qu'il avait le don d'embellir en conservant la ressemblance. La figure du petit tableau dont nous donnons ici la composition, offre le portrait d'une jeune fille donnant à manger à un perroquet. Elle est appuyée sur le bord d'une croisée ceintrée, au devant de laquelle on aperçoit un tapis de couleurs variées, un pot de fleurs et un bas-relief : la figure se détache sur des masses de feuillage. Dans le fond, à droite, est un vase que supporte un piédestal. Au haut du tableau, du même côté, est un bout de rideau relevé. La physionomie de la jeune fille est gracieuse et fort douce, le coloris en est délicat, et les accessoires sont très-soignés.

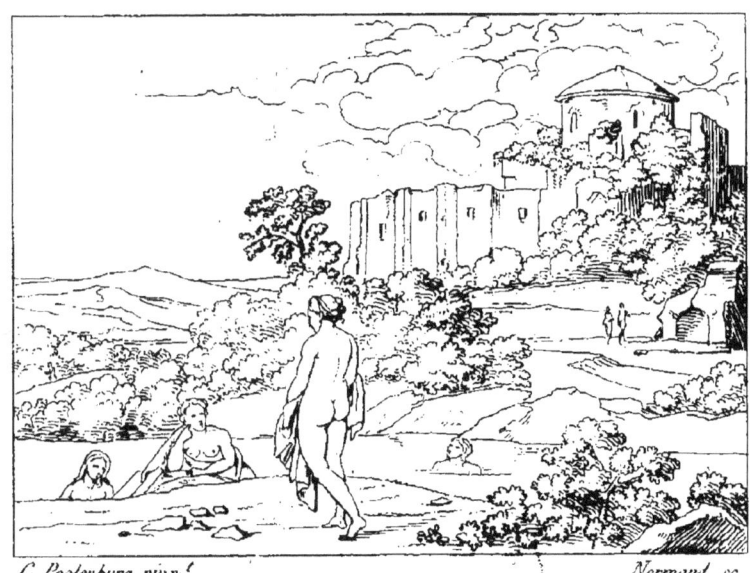

Planche soixantième. — *Deux Paysages avec figures*, par Corneille Poëlenburg.

Peint sur bois ; hauteur 5 pouces, largeur 6 pouces.

Dans le premier de ces deux paysages on voit, sur le devant, un homme et une femme assis, conversant ensemble. Dans le second, une femme nue et debout va se joindre à ses compagnes qui se baignent dans une rivière. Le fond de chacun des deux tableaux offre au second plan des ruines couvertes de broussailles, et dans le lointain des montagnes qui bornent l'horizon.

Des masses d'une forme pittoresque, des figures agréablement dessinées, un effet piquant et harmonieux, la fraîcheur et la pureté des teintes, unies à la grâce et à la délicatesse du pinceau, telles sont les qualités qui distinguent ordinairement les productions de Corneille Poëlenburg, et particulièrement les deux charmans tableaux dont nous donnons ici le trait. Nous ne connaissons de ce peintre rien de plus gracieux, de mieux fini.

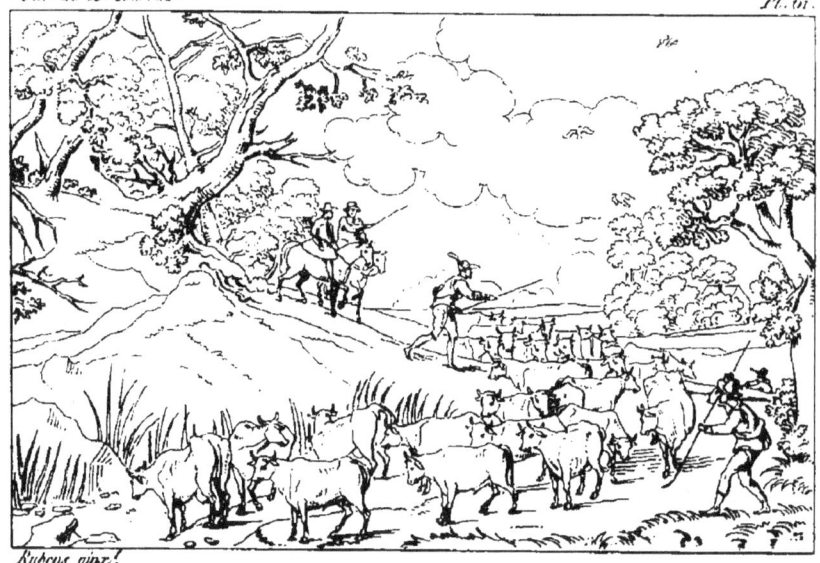

Rubens pinx.

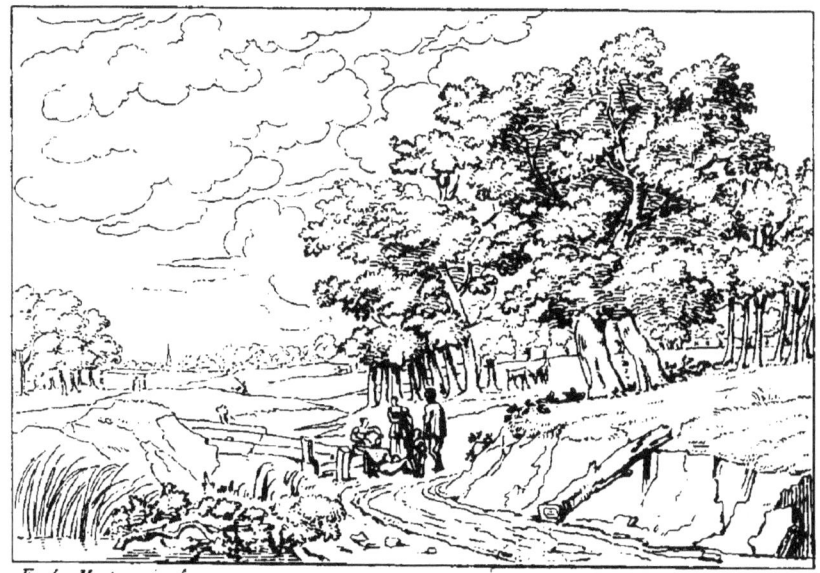

Vander Merten pinx.   *Normand fils sc.*

Planche soixante-unième. — Tableau de Paysage avec figures et animaux, par Rubens. — *Paysage de* Vander Morten.

Le premier peint sur bois; haut. 2 pieds 1 p., larg. 3 pieds 1 p.
Le second sur bois; haut. 10 pouces, larg. 13 pouces.

Rubens, surchargé de travaux, avait pris le parti d'employer ses plus habiles élèves, et souvent il se contentait de retoucher les tableaux qu'ils avaient exécutés sur ses dessins ou sur ses esquisses; mais il le faisait avec tant d'art, et d'ailleurs il était si bien servi, qu'il était difficile de distinguer la main du maître de celle du disciple. Wildens et Van Uden peignaient ordinairement le paysage; Sneyders, les fruits, les fleurs et les animaux. Mais l'envie, qui poursuit les grands talens, n'épargna pas Rubens. Doux, affable, protecteur bienveillant de tous les artistes, ce grand peintre se vit attaqué par ceux même qu'il avait comblés de bienfaits; et ils allèrent jusqu'à dire qu'il eût été incapable de réussir dans les différens genres de peinture, sans le secours de ceux qu'il employait pourtant d'une manière si secondaire. Aussi Rubens ne répondit à ces calomnies, qu'en produisant plusieurs beaux ouvrages sans l'aide d'un pinceau étranger. Il fit seul d'excellens paysages, et ne réussit pas moins à peindre les animaux, les fleurs et les fruits.

Le premier de ces deux paysages représente un chemin tortueux et bordé de vieux arbres sur un terrain inégal : deux pâtres conduisent à l'abreuvoir un nombreux troupeau de bœufs. Plus loin deux voyageurs à cheval descendent une colline; on voit plusieurs oiseaux dans les airs ou perchés sur des branches. La composition de ce tableau est très-animée, le ton général est chaud et brillant, et l'effet en est magnifique. Le ciel, les terrains, les arbres sont d'un pinceau vif et moëlleux, et les figures rappellent la touche fine et spirituelle de Teniers. Les animaux, dont les divers groupes offrent une extrême vérité d'ensemble, ne sont pas, individuellement, rendus avec la même assurance et la même fermeté d'exécution.

Le second paysage, par Vander Morten, peintre d'une époque beaucoup plus moderne, se fait remarquer par l'agrément de la composition et le fini des détails. L'effet en est piquant. Les tableaux de Vander Morten ne sont pas communs, du moins en France, et méritent d'être recherchés.

Gal. de Mr Massias.   Pl. 62.

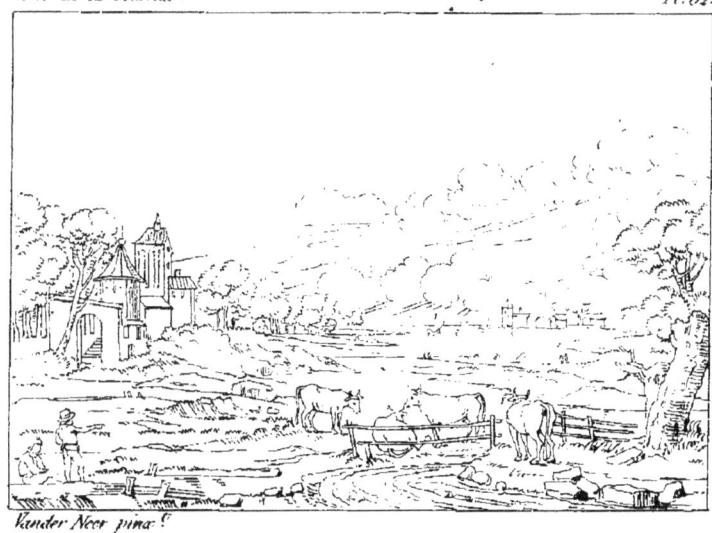

Vander Neer pinx.^t

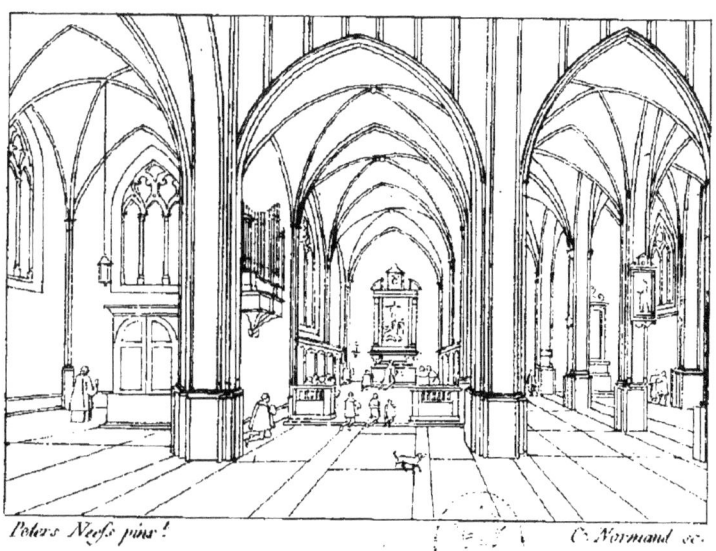

Peters Neefs pinx.^t   C.^s Normand sc.

Planche soixante-deuxième. — *Paysage, effet de clair de lune*, par Vander Néer. — *Intérieur d'Eglise*, par Peters Neefs.

Le premier peint sur bois ; hauteur 14 pouces, largeur 20 pouces.
Le second sur bois : hauteur 14 pouces, largeur 17 pouces.

Sur le devant, deux hommes gardent un troupeau de vaches; plus loin, à gauche, on aperçoit une église et quelques maisons entourées d'arbres; une rivière qui serpente au milieu de ce paysage, va se perdre à l'horizon et y reflète quelques édifices.

L'auteur de ce tableau, désigné sous un nom qui est commun à deux peintres, est probablement Arnould Vander Néer, et non Eglon Vander Néer son fils, plus célèbre que son père, et dont le talent s'étendait avec une égale supériorité à tous les genres de peinture. Arnould Vander Néer fut bon paysagiste et estimé surtout par ses clairs de lune. Il donna les premières leçons à son fils qui, préférant de peindre la figure, obtint la permission de choisir un autre maître. Il entra d'abord chez Jacques Vanloo à Amsterdam, fit un séjour de quatre années en France et retourna en Hollande. Ses tableaux d'histoire sont bien composés, ses paysages toujours étudiés sur la nature, ses portraits en grand et en petit d'une excellente couleur, et ses sujets familiers touchés avec une finesse de pinceau qui rappelle le goût et la manière de Terburg : ses ouvrages sont peu connus en France. Ceux d'Arnould, dont il s'agit dans cet article, y ont été plus répandus; ce sont presque toujours des hivers ou des clairs de lune. Celui dont nous donnons ici le trait, est aussi vrai de ton que d'effet, et d'une touche spirituelle.

Le second tableau, par Peters Néefs, représente un intérieur d'église. La perspective y est bien observée; le peintre a su éviter la froideur de toutes ces lignes droites, en réunissant, par de larges masses d'ombre ou de demi-teinte, la plus grande partie des détails de cet édifice. La lumière est concentrée sur le chœur et sur l'autel qu'on aperçoit au fond de la nef; il en résulte un effet harmonieux et piquant. L'ensemble de la composition est animé par divers personnages variés dans leurs costumes et dans leurs attitudes. Ils sont de la main de l'un des Franck, qui partagèrent avec les Téniers, Breughel, Van Thulden et autres, l'avantage d'orner de figures les tableaux de Vander Néer. Cet artiste, s'étant appliqué spécialement à peindre des intérieurs d'église, avait négligé tout autre genre d'étude.

Gal. de Mr Massias. Pl. 63.

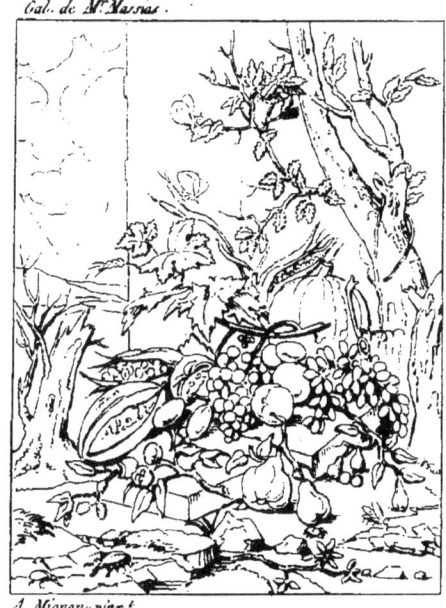
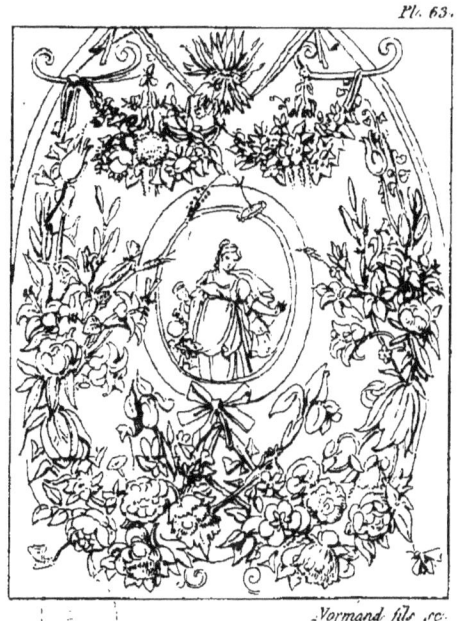

A. Mignon pinx.^t   Normand fils sc.

Planche soixante-troisième. — *Tableau de fruits*, par Abraham Mignon. — *Tableau de fleurs*, par le même.

Le premier peint sur toile ; haut. 2 pieds 8 pouces, larg. 2 p. 1 p.
Le second sur toile : haut. 3 pieds 1 pouce, larg. 2 p. 6 p.

Des fruits de différentes espèces, un melon, des raisins, des pêches, des figues, des nèfles, des prunes, quelques épis de maïs, etc., sont réunis et posés au pied d'un arbre ; on voit sur le devant quelques insectes. Un pan de mur et un lointain de paysage servent de fond à ces divers objets. Nous n'essayons pas de les décrire en détail ; plus on les examine plus ils semblent vrais; et, considérés à la loupe, ils laissent apercevoir toute la beauté et tout le fini du travail. Ce morceau est un chef-d'œuvre et peut-être le chef-d'œuvre de l'artiste.

La guirlande de fleurs, qui fait le sujet du second tableau, n'est pas moins précieuse dans son genre; on en compte plus de cent, toutes rendues avec une fraîcheur, une vivacité de nuances et une délicatesse de touche qui ne laissent rien à désirer : on ne saurait porter plus loin l'imitation. Cependant les ouvrages de Van Huysum, selon les connaisseurs, ont égalé et même surpassé ceux d'Abraham Mignon, qui était venu un demi-siècle avant lui. En effet, les tableaux de Van Huysum sont disposés avec plus de goût et d'adresse, l'effet en est mieux combiné et plus harmonieux, le ton plus vaporeux, la touche plus légère ; mais les objets peints par Mignon sont plus palpables, si l'on peut s'exprimer ainsi, et semblent avoir plus de relief.

Le tableau de la Vierge, placé au milieu de la guirlande, est dû au pinceau de Constantin Netscher. Ce morceau, qui semblerait devoir être le principal objet de la composition, ne s'y montre, sous le rapport de l'art, et ne devait s'y montrer en effet que comme accessoire. Le coloris en est entièrement subordonné à l'éclat de cette magnifique guirlande.

Le Musée du Louvre possédait un tableau d'Abraham Mignon, représentant des écureuils, des poissons, des fruits, des fleurs, un nid, etc., mais beaucoup moins important que ceux que nous venons de décrire.

Abraham Mignon, élève de son père et de David de Heem, naquit à Francfort en 1637, et ne se distingua pas moins par ses heureuses qualités et la douceur de ses mœurs que par ses rares talens. Il mourut en 1679 après avoir joui de tous les avantages que peuvent procurer la célébrité et la fortune.

Gal. de Mr Marsias.   Pl. 64.

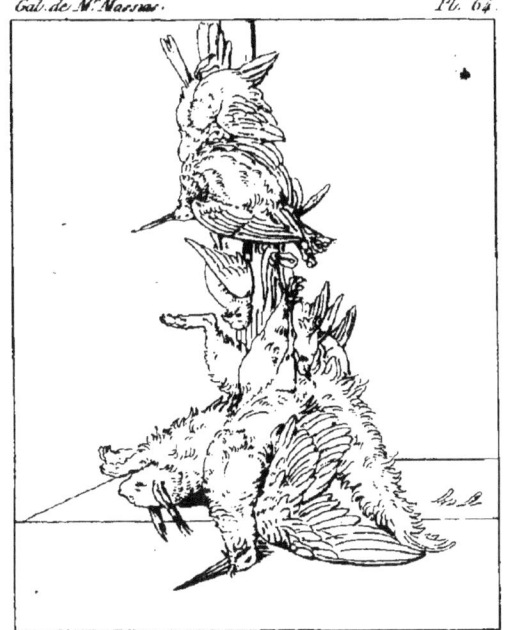

Hamilton pinx.^t

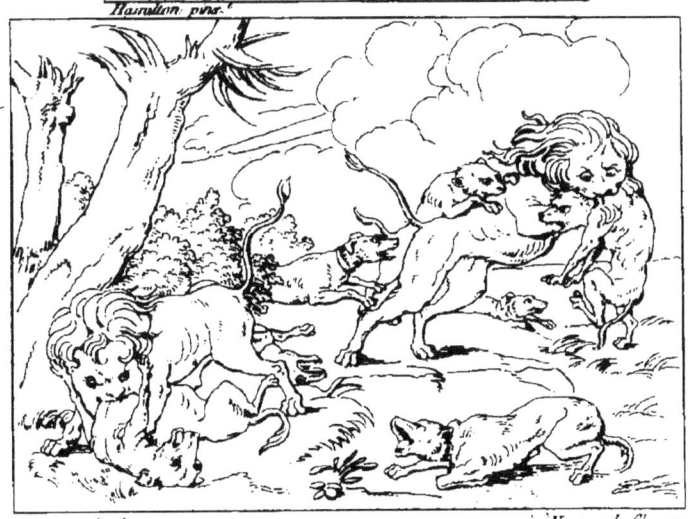

Rubens pinx.^t   Normand fils sc.

Planche soixante-quatrième. — *Tableau de nature morte*, par Hamilton. — *Chasse aux Lions*, esquisse de Rubens.

Le premier peint sur bois; haut. 2 pieds, larg. 1 pied 6 pouces.
Le second sur bois : hauteur 9 pouces, largeur 13 pouces.

Le premier de ces tableaux, représentant diverses pièces de gibier, est d'un peintre anglais dont les ouvrages, peu connus en France, jouissent d'une grande réputation dans le pays de l'artiste. Les peintres hollandais, qui ont excellé dans ce genre, offrent en général un pinceau plus étudié, des détails plus scrupuleusement rendus; mais ce morceau se soutiendrait auprès de leurs meilleurs ouvrages, par la vigueur de l'effet et l'éclat du coloris.

Le second morceau est une esquisse faite au premier coup : le sujet est une chasse aux lions. On voit plusieurs chiens aux prises avec ces terribles adversaires; quelques-uns sont blessés et hors de combat. Cette esquisse est pleine de feu et touchée avec beaucoup de légèreté. Elle se fait remarquer encore par la transparence et la vérité du ton.

Gal. de M. Massias. Pl. 65.

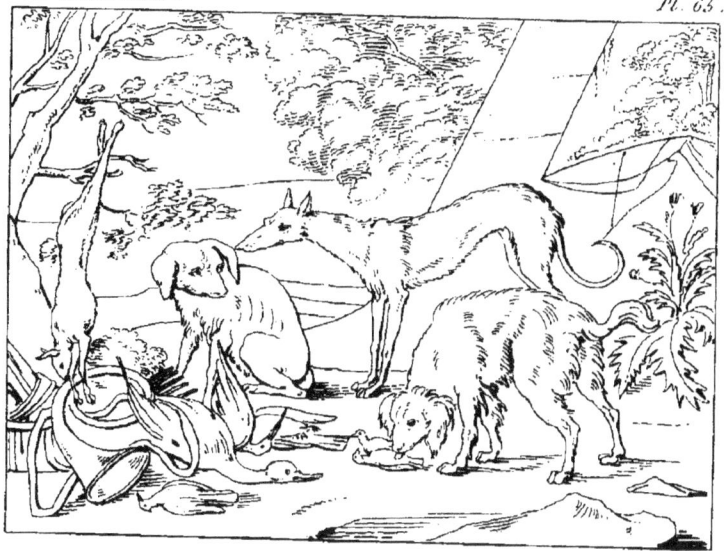

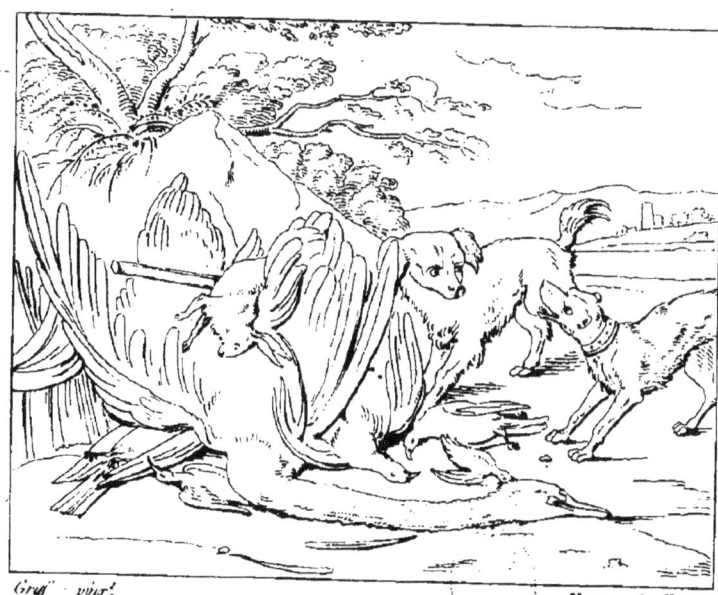

Graff pinx.   Normand fils sc.

Planche soixante-cinquième. — *Deux Tableaux d'animaux*, par Griff.

Peints sur bois ; hauteur 7 pouces, largeur 8 pouces.

Dans le premier de ces deux tableaux, on voit un chien posé, gardant quelques pièces de gibier et des instrumens de chasse; près de celui-ci, un autre chien flairant un oiseau mort; plus loin un levrier : le fond représente un paysage.

Dans le second tableau, des chiens de chasse semblent se disputer la garde du gibier, dont la principale pièce est un héron. Le fond est du même genre que le précédent.

Ces deux petits tableaux, d'une couleur vraie et brillante, d'une touche tout-à-la-fois large et soignée, sont du plus beau faire du maître.

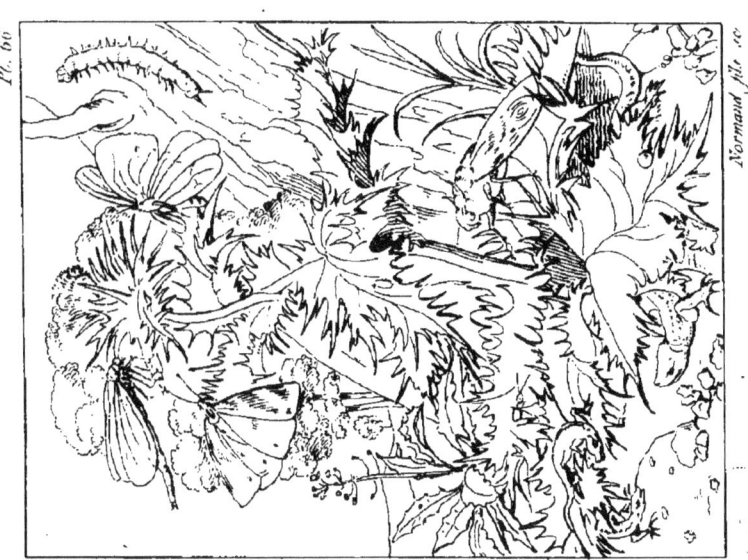
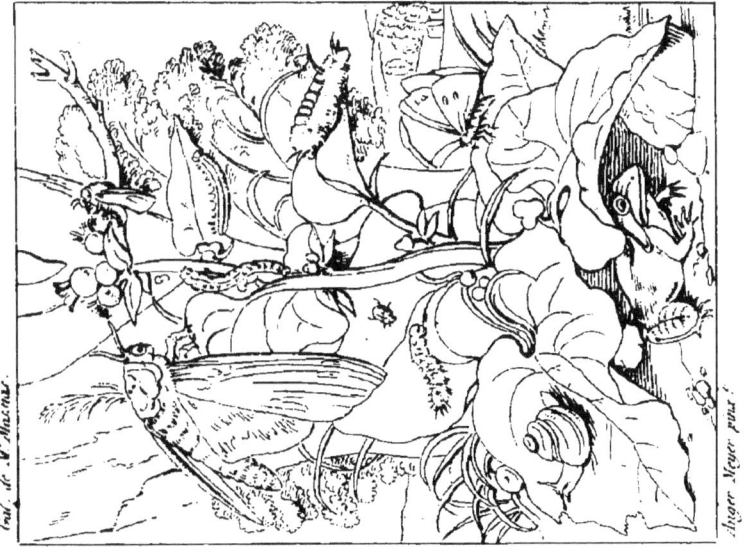

Planche soixante-sixième. — *Deux Tableaux de plantes et d'insectes*, par Anger Meyer.

Peint sur bois ; hauteur 8 pouces, largeur 6 pouces.

Ces deux petits tableaux d'un peintre hollandais, dont les productions ne sont pas connues en France, et sur lequel nous ne possédons aucuns renseignemens, sont deux chefs-d'œuvre de finesse et de vérité. On ne saurait porter plus loin l'imitation de la nature, la pureté des nuances, et la précision du pinceau. Ils représentent des plantes sauvages, des lézards, une grenouille, des chenilles, des papillons, et une multitude variée d'insectes de toutes couleurs, qui semblent véritablement sortir de la toile et se mouvoir. Ce genre de peinture ne peut offrir rien de plus précieux.

Gal. de Mr Massias. Pl. 67.

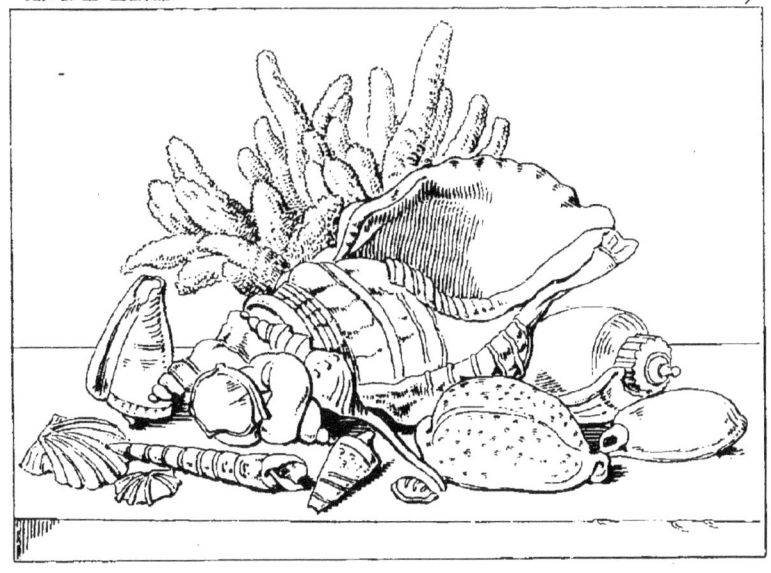

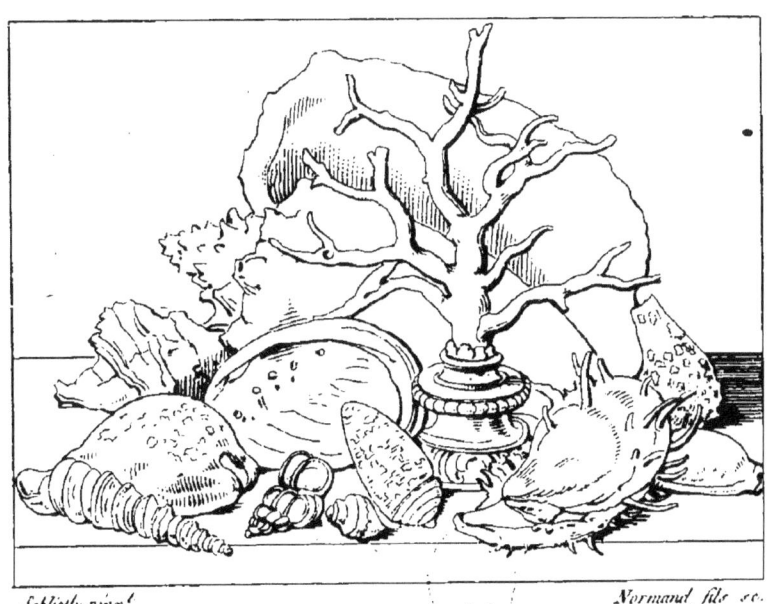

Schlick pinx.^t   Normand fils sc.

Planche soixante-septième. — *Deux Tableaux de coquilles, coraux et madripores*, par Schlicth.

Peint sur bois; hauteur 11 pouces, largeur 14 pouces.

Ces deux morceaux, d'un artiste dont les ouvrages ne sont pas plus connus que ceux qui font le sujet de la planche précédente, méritent également d'être cités comme des objets rares et curieux. La nature s'y reproduit avec une extrême fidélité; l'œil du naturaliste même n'y trouve rien à désirer; ces masses de coquillages, groupés avec autant d'intelligence et de goût qu'ils sont scrupuleusement rendus, présentent un effet gracieux dans l'ensemble et une admirable perfection dans les détails.

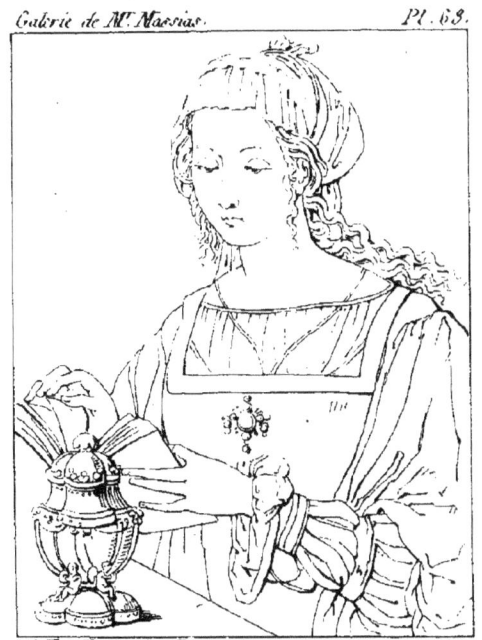

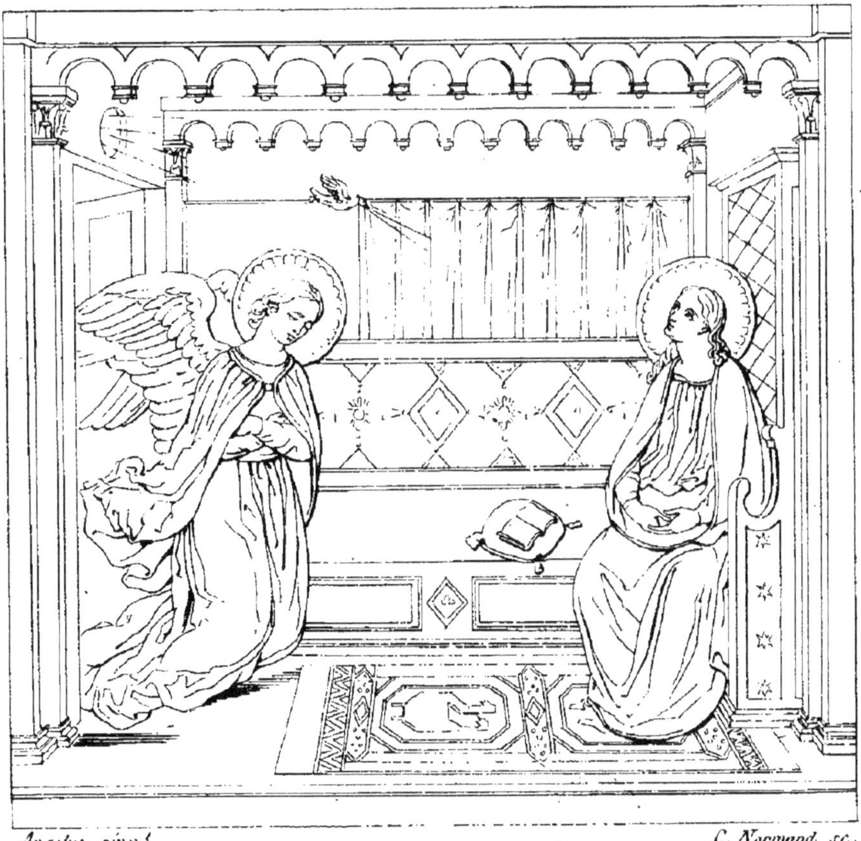

Planche soixante-huitième. — *Demi-figure de Vierge. Tableau de* Van Eyck. — *La Salutation Angélique, Tableau d'*Angelico da Fiesole.

Le premier peint sur bois; hauteur 8 pouces, largeur 6 pouces.
Le second sur cuivre; haut. 13 pouces, larg. 14 pouces.

Dans le premier tableau, la Vierge, debout, lit dans un livre qu'elle tient des deux mains : elle est devant une table sur laquelle est un vase d'agathe, avec des ornemens en bronze artistement ciselés. Son costume, dans le style allemand, n'est cependant pas dénué de grâce, et les plis en sont disposés avec goût. Cette figure est correctement dessinée, d'une expression naïve, et d'une grande finesse de pinceau.

L'exécution du second tableau, attribué à *Giovanni Angelico da Fiesole*, nous paraît indiquer une époque de l'art postérieure au temps où vécut cet artiste célèbre. Les tableaux d'*Angelico*, très-finis, très-gracieux, et d'une extrême simplicité de ton et d'effet, n'offrent pas cette richesse et cette vigueur du coloris, cette indication de clair obscur qui frappent au premier aspect dans le morceau dont il s'agit. Nous ajouterons qu'étant sur cuivre il ne peut guère avoir été exécuté autrement qu'à l'huile, et que les ouvrages d'Angelico, ceux même de la plus grande dimension, sont peints en détrempe et finis avec de petits coups de pinceau dans le genre de la miniature. En effet, cet artiste, religieux de l'ordre de Saint-Dominique, s'occupa d'abord à peindre des miniatures dans des livres. On a dit qu'il s'était formé sur les ouvrages de Masaccio.

Mais, comme le remarque Lanzi dans son Histoire de l'Ecole Florentine, si l'on considère les plis de ses vêtemens, distribués comme en longs tuyaux, et sa touche fine et précieuse, on croira plutôt qu'il étudia les ouvrages du Giotto. Le principal mérite d'Angelico consiste dans l'expression douce et gracieuse qu'il a su donner à ses têtes d'anges et de saints. On pourrait dire qu'il est le Guide de son temps, même dans la suavité des couleurs qu'il sut accorder et mettre en harmonie, quoiqu'il ne peignît qu'en détrempe. Au surplus, à quelque époque que l'on doive reporter le petit tableau dont nous donnons ici le trait, il sera considéré comme un morceau rare et précieux.

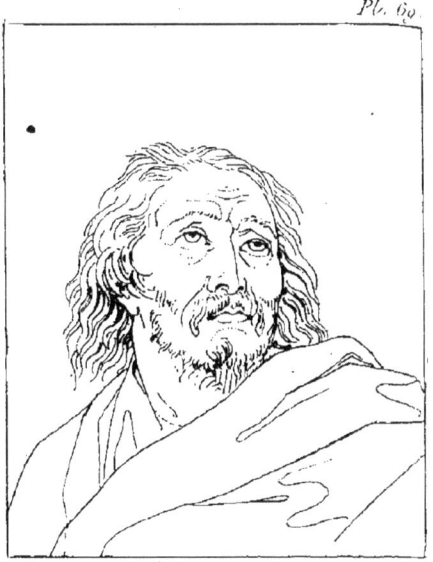
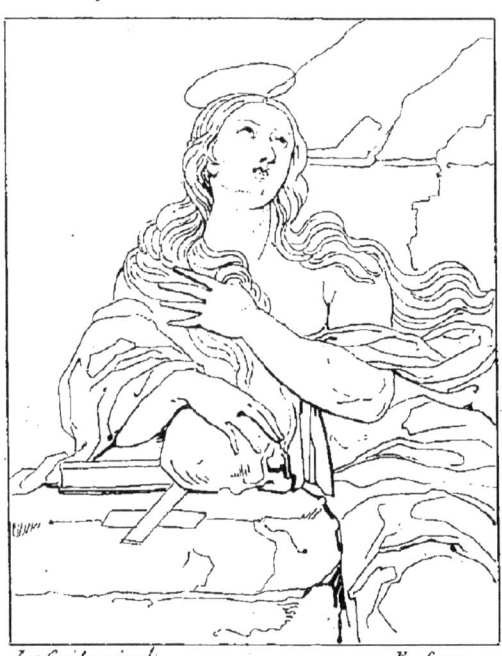

Planche soixante-neuvième, contenant trois sujets.

1. *Tableau de nature morte , effet de lampe,* par Schalken.

Peint sur toile; haut. 2 pieds 6 pouces, larg. 1 pied 11 pouces.

1. Schalken a peint de préférence des sujets éclairés des vifs rayons du soleil, ou de la lumière tranchante d'une lampe ou d'un flambeau : c'est sa manière favorite, et les tableaux qu'il a traités dans ce genre lui ont plus généralement réussi que ceux qui sont éclairés de la lumière du jour. Ce peintre a produit un grand nombre d'ouvrages; mais nous n'hésitons pas à placer au premier rang ce morceau dont un simple trait ne peut donner d'autre idée que sous le rapport de la composition, ou plutôt de la disposition des objets que l'artiste a réunis : un instrument et un livre de musique, un coquillage du genre des nautiles, une oreille de mer, une cassolette, une tête de mort, une mappemonde, posés sur une table de marbre, en partie cachés sous un double rideau et mystérieusement frappés de la lumière d'une lampe. Il est impossible de citer un morceau plus étonnant pour la vérité du ton, le relief et l'effet; et l'on a peine à concevoir que les couleurs matérielles de la palette aient pu fournir des nuances, et surtout des lumières aussi vraies. Plus l'œil du spectateur s'isole sur cette rare production de l'art, plus l'illusion est surprenante, et le peintre l'aurait produite au dernier degré, si les objets qu'il a représentés dans ce tableau étaient d'une proportion un peu plus forte : ce serait la nature.

2. *Portrait de* Zurbaran, peint par lui-même.

Sur bois; hauteur 4 pouces, largeur 3 pouces.

On aime à retrouver dans ce petit portrait plein de vie et d'expression, les traits et la touche d'un peintre espagnol qui n'est connu en France que depuis deux ans tout au plus, et qui, pour la fierté du coloris et la fermeté du pinceau, ne le cède à aucun maître des autres écoles. François Zurbaran, né à *Fuente de Cantos*, reçut les principes de son art d'un disciple de Moralès, et vint se perfectionner à Séville dans l'école de Paul de las Roelas. Après avoir travaillé beaucoup dans cette ville, il alla s'établir à Madrid où il fit plusieurs tableaux pour les maisons royales. Il mourut en 1662, âgé de soixante-six ans. Sa manière a quelques rapports avec celle du Caravage.

3. *La Madeleine*, *demi-figure*, par le Guide.

Peint sur toile : hauteur 3 pieds, largeur 2 pieds 4 pouces.

La main gauche posée sur sa poitrine, la droite sur une tête de mort, Madeleine lève les yeux au ciel, et semble implorer le pardon de ses fautes. Ses cheveux ondoyans flottent sur son col et sur ses épaules. Le fond du tableau représente l'entrée d'une grotte; au-devant est une masse de rocher sur lequel sont posés un livre et un crucifix. Ce tableau, assez fin de ton et d'un effet harmonieux, laisse à désirer un dessin plus correct, une expression plus vive.

Gal. de M.r Massias.   Pl. 70.

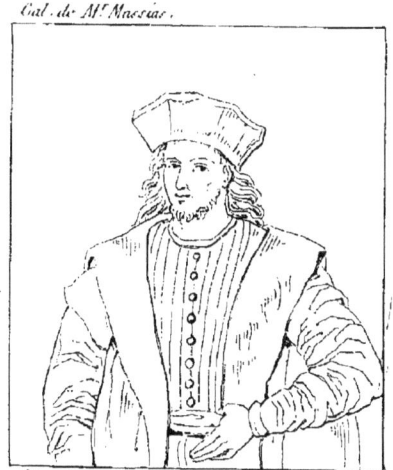
Giorgione pinx.t

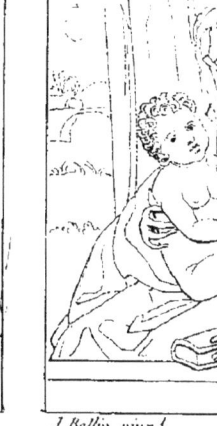
J. Bellin pinx.t

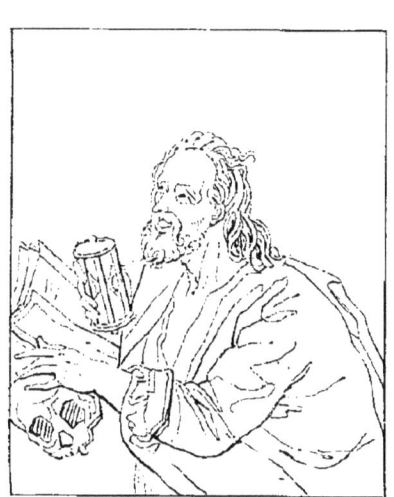
Rembrandt pinx.t

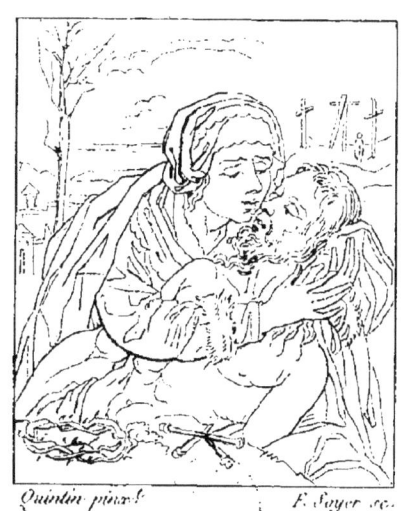
Quintin pinx.t   F. Sayer sc.

Planche soixante-dixième, contenant quatre sujets.

1. *Portrait d'homme;* par Giorgion.

Peint sur toile : haut. 3 pieds 6 pouces, larg. 3 pieds.

Le personnage est coiffé d'une toque, la main appuyée sur sa ceinture. Le Giorgion, même dans les productions les moins brillantes de son pinceau vigoureux et nourri, offre toujours un caractère de vérité et de simplicité qui le distinguent. Le Titien sentit le mérite de cette manière vraiment magistrale ; et en se l'appropriant il eut l'art de la perfectionner.

2. *La Vierge et l'enfant Jésus. Tableau* de J. Bellin.

Peint sur bois : haut. 2 pieds 7 pouces, larg. 1 pieds 11 pouce.

Ce tableau est le pendant d'une autre Sainte-Famille, du même maître, et dont nous avons donné la description page 48 de ce volume. Même style, même caractère de dessin ; même simplicité d'expression et de coloris. Ces deux morceaux sont précieux pour leur ancienneté et leur parfaite conservation.

3. *S. Jérôme. Tableau* de Rembrandt.

Peint sur toile : haut. 2 pieds 10 pouces, larg. 2 pieds 7 pouces.

S. Jérôme, dans l'attitude de la contemplation, a la main gauche appuyée sur une tête de mort, et tient de la droite un sablier. En voyant ce tableau, dont tous les détails sont rendus avec le soin le plus minutieux, et dont l'effet général est cependant très-odinaire, on a peine à croire qu'il puisse être attribué au pinceau de Rembrandt. En effet, le caractère principal des ouvrages de ce peintre consiste dans une entente admirable du clair obscur, dont le principe est de subordonner les détails aux grandes masses et les parties au tout ; dans la vigueur des teintes et l'empâtement des couleurs. Le tableau dont il s'agit est conçu dans un système tout opposé ; mais quand on se rappelle que Rembrandt fut élève de Gérard Dow, et que ses premiers ouvrages furent exécutés dans la manière finie et léchée de ce maitre, on cesse d'être surpris de trouver dans ce S. Jérôme, qui fut sans doute une des premières productions de Rembrandt, une froideur d'exécution d'autant plus remarquable, que la figure est de grandeur naturelle. Ce défaut serait beaucoup moins sensible dans un petit tableau, tel que les peignait Gérard Dow, dont les figures n'ont jamais que quelques pouces de proportion. Vu de près, ce morceau ne laisse pas d'offrir quelques parties bien rendues, mais isolément.

On lit dans une notice italienne placée derrière le tableau, qu'il a été gravé à Amsterdam, et qu'il sort de la galerie du prince Piccolomini.

4. *Le Christ au tombeau ;* par Quintin Messis.

Peint sur bois : hauteur 10 pouces, largeur 8 pouces.

La rareté des ouvrages de Quintin Messis a pu faire admettre celui-ci dans la galerie de M. Massias; il est néanmoins assez vrai de coloris et d'expression, mais sans dignité, pauvre de formes ; d'un pinceau fini, mais timide.

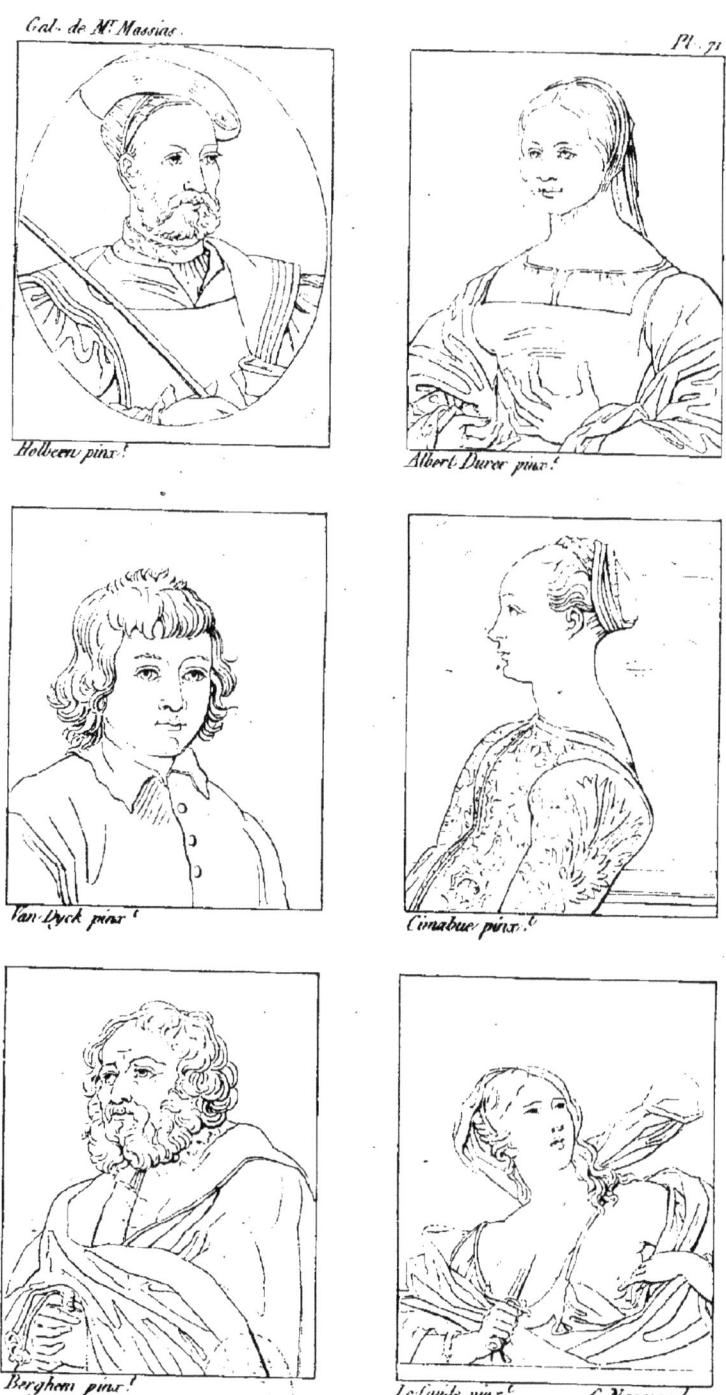

Planche soixante-onzième, contenant six sujets.

1. *Portrait d'un guerrier ;* par Holbeen.

Peint sur bois ; hauteur 1 pied 4 pouces, largeur 1 pied.

Ce portrait d'un guerrier, costumé dans le goût allemand, est remarquable par le caractère de vérité, la simplicité de coloris, et cette précision de pinceau qui distinguent les meilleures productions d'Holbeen. Nous ignorons le nom du personnage qu'il représente.

2. *Portrait de femme ;* par Albert Durer.

Peint sur bois ; hauteur 1 pied, largeur 10 pouces.

Ce portrait, de la même dimension que le précédent, se fait remarquer par les mêmes qualités ; elles se retrouvent même dans ce dernier à un degré plus éminent. Tout y est d'un fini précieux ; le goût s'y joint à une sorte de sévérité qui n'en exclut pas le charme. Ce morceau est curieux et rare.

3. *Portrait d'un jeune homme ;* par Van Dyck.

Peint sur bois ; hauteur 1 pied, largeur 9 pouces.

Jolie étude d'un ton fin et transparent, d'une touche légère et harmonieuse.

4. *Portrait de femme ;* par Cimabué.

Peint sur bois ; hauteur 1 pied 8 pouces, largeur 1 pied 4 pouces.

Ce morceau est d'autant plus précieux que les amateurs ont rarement l'occasion de s'en procurer de semblables. L'exécution de ce portrait remonte au 13e siècle, et l'on est en droit de s'étonner, en voyant cet ouvrage, qui dénote l'enfance ou la renaissance de l'art, d'y trouver une aussi grande délicatesse de contours jointe à la finesse et à la grâce de l'expression. La draperie est généralement assez bien rendue et les teintes en sont assez vives et assez nourries, pour qu'il y ait lieu de croire que les carnations ont dû être dans l'origine beaucoup plus brillantes qu'elles ne le sont aujourd'hui; ce qui reste sur ce portrait est d'une teinte à-peu-près uniforme, et semblerait une simple préparation, s'il n'était plus probable que le temps en a altéré les lumières et confondu les demi-teintes.

5. *Tête de S. Pierre;* par Berghem.

Peint sur bois; hauteur 2 pieds, largeur 1 pied 8 pouces.

Cette demi-figure, de grandeur naturelle, n'est pas sans mérite sous le rapport du coloris; mais (ce que l'on doit s'attendre à trouver dans les ouvrages d'un artiste qui n'a peint que des figures en petit et des paysages) elle est exécutée dans une petite manière; et le dessin, de même que l'expression, manque de correction et de dignité. On croit que Berghem, dont le talent est admirable dans d'autres sujets, n'a produit que cinq à six morceaux du genre de celui-ci. On doit donc le considérer plutôt comme un objet de curiosité que comme un bel ouvrage.

6. *Lucrèce. Demi-figure;* par le Guide.

Peint sur toile; hauteur 2 pieds 6 pouces, largeur 2 pieds.

Lucrèce, en se plongeant un poignard dans le sein, lève ses derniers regards vers le ciel, dont elle invoque la vengeance. Ce sujet a été répété plusieurs fois et de diverses manières par le Guide, qui toujours a su y répandre de l'intérêt par la noblesse de l'expression.

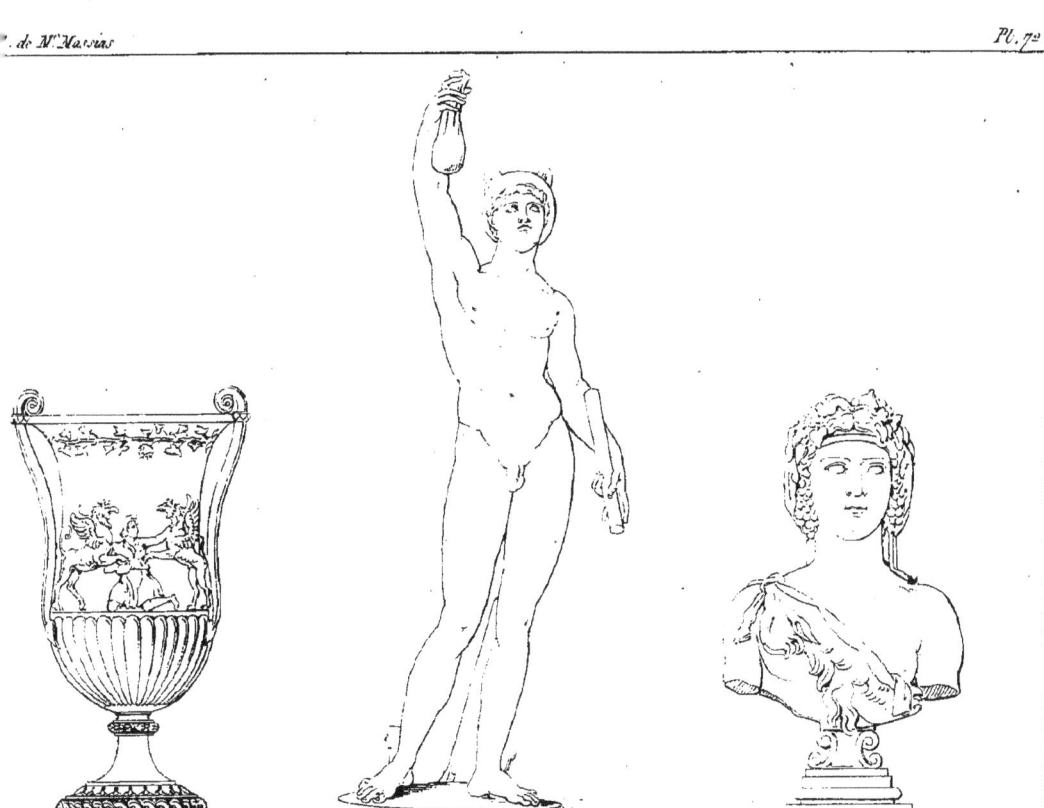

Planche soixante-douzième et dernière. — Statue de Mercure, Tête de Bacchus et Vase de marbre antiques.

Cette figure en marbre, d'environ trois pieds de proportion, représente Mercure debout, tenant une bourse d'une main et de l'autre son caducée. Les formes en sont sveltes et la pose a de d'élégance : cette antique a été restaurée dans quelques parties, et la tête est rapportée.

Le buste de Bacchus, un peu au-dessous de grandeur naturelle, est d'un style gracieux et d'un excellent goût d'exécution : il est bien conservé. Hauteur 18 pouces.

Le vase, en marbre blanc veiné, est d'une forme agréable et du plus beau travail; il est orné d'une guirlande de lierre et d'un bas-relief représentant un sacrifice au dieu Mythra. Winkelman a décrit un bas-relief de la Casa-Albani dont le sujet est le même. Ce vase, d'une belle proportion (hauteur 30 pouces), riche dans son ensemble et dans tous ses détails, est digne d'être placé dans un musée du premier ordre.

Fin de la description de la galerie de M. Massias.

TABLE

DES PLANCHES

DE LA GALERIE DE M. MASSIAS,

Au nombre de cent quatre Tableaux et trois morceaux de Sculpture antique.

ECOLE ITALIENNE.

ALBANE.

Des Anges portant la croix. Planche 54.	Pag. 113
Galatée sur les eaux. Pl. 54.	113

ANDRÉ DEL SARTO.

Le Christ sur les genoux de la Vierge. Pl. 49.	103

ANGELICO DA FIESOLE.

L'Annonciation. Pl. 68.	141

BAROCHE.

La Salutation angélique. Pl. 17.	59

BELLIN.

La Vierge et l'Enfant-Jésus. Pl. 48.	101
La Vierge et l'Enfant-Jésus. Pl. 70.	145

CARACHE. (Annibal)

Le Christ au roseau. Pl. 51.	107
Sainte Catherine. Pl. 51.	107

CIMABUÉ.

Portrait de Femme vue de profil. Pl. 71.	147

TABLE DES PLANCHES.

Ciro Ferri.

La Vierge, S Jean et la Madeleine au pied de la croix. Pl. 18.	41

Corrège.

La Vierge et l'Enfant-Jésus, saint Ubalde et sainte Catherine. Pl. 1.	7
L'éducation de l'Amour. Pl. 2.	9
Vénus et l'Amour. Pl. 3.	11
Jupiter et Léda. Pl. 4.	13

Dominiquin.

La Mort de sainte Cécile. Pl. 13.	51

Giorgion.

David tenant la tête de Goliath. Pl. 52.	109
Portrait d'Homme. Pl. 70.	145

Guerchin.

La Vierge et l'Enfant-Jésus. Pl. 52.	109

Guido Reni.

S. François en prière. Pl. 14.	53
La Madeleine, demi-figure. Pl. 69.	144
Lucrèce, demi-figure. Pl. 71.	148

Jules Romain.

L'Adoration des Bergers. Pl. 10.	25
La Sainte Famille. Pl. 50.	105

Léonard de Vinci.

Le Christ mort, soutenu par deux Anges. Pl. 5.	15
Tête de Vierge. Pl. 53.	111

TABLE DES PLANCHES. 153

Luini.
La Vierge, l'Enfant-Jésus et S. Jean. Pl. 6.   17

Mantegna.
La Madeleine. Pl. 20.   45

Mazzuoli.
La Sainte Famille. Pl. 50.   105

Perrin del Vaga.
Le Mariage de sainte Catherine. Pl. 11.   27

Rosa. (Salvator)
La Résurrection du Lazare. Pl. 19.   43

Salviati.
La Vierge, l'Enfant-Jésus et le petit S. Jean. Pl. 48.   101

Schedone.
La Vierge, l'Enfant-Jésus, S. Jean et S. Joseph. Pl. 12.   29
La Madeleine. Pl. 53.   114

Sébastien del Piombo.
Le Christ portant sa croix. Pl. 8.   21
Tête de Vierge. Pl. 9.   23

Tintoret.
S. Roch guérissant les pestiférés. Pl. 16.   57

Titien.
La Vierge et plusieurs Saints. Pl. 7.   19
La Vierge, l'Enfant-Jésus et le petit S. Jean. Pl. 49.   103

Véronèse (Paul)
David présente à Saül la tête de Goliath. Pl. 15.   35

Galerie de M. Massias.

TABLE DES PLANCHES.

ECOLE ESPAGNOLE.

Moralès.
Ecce homo. Pl. 23. 51

Murillo.
La Vierge au rosaire. Pl. 21. 47
La Vendeuse de marrons. Pl. 59. 123

Ribera (dit l'Espagnolet).
Le Christ mort, soutenu par la Vierge. Pl. 22. 49

Zurbaran.
Son portrait. Pl. 69. 144

ECOLE FRANÇAISE.

Poussin.
Bacchanale. Pl. 45. 95

Ancien peintre grec, inconnu.
Plusieurs Saints. Pl. 46. 97

ECOLE ALLEMANDE, FLAMANDE ET HOLLANDAISE.

Bakhuysen.
Marine. Pl. 40. 85

Berghem.
S. Pierre, demi-figure de grandeur naturelle. Pl. 71. 148

Berkeyden.
Intérieur d'un Temple protestant. 36

TABLE DES PLANCHES.

Cologne, (Ecole de) maître inconnu.

La Cananéenne aux pieds de Jésus-Christ. Pl. 24.   53

Culembourg.

Ruines et souterrain. Pl. 41.   87

Denner.

Tête de Vieille. Pl. 31.   67

Drost. (Van)

Joseph expliquant les songes dans la prison. Pl. 55.   115

Duc. (Jean le)

Intérieur d'un corps-de-garde. Pl. 44.   93

Durer. (Albert)

La Vierge et l'Enfant-Jésus. Pl. 26.   57
Le Suaire porté par deux Anges. Pl. 27.   59
Portrait de Femme. Pl. 71.   147

Dyck. (Van)

La Madeleine, demi-figure. Pl. 55.   115
Portrait d'un jeune homme. Pl. 71.   147

Eyck. (Van)

La Circoncision. Pl. 47.   99
La Sainte Vierge, demi-figure. Pl. 68.   141

Fytt.

La Chasse au sanglier. Pl. 43.   91

Goes. (Vander)

La Vierge, l'Enfant-Jésus et sainte Anne. Pl. 46.   97

TABLE DES PLANCHES.

Griff.
Tableau d'animaux. Pl. 65. 135
Tableau d'animaux, pendant du précédent. Pl. 65. 135

Jordaens.
Le Roi boit. Pl. 29. 63

Helst. (Vander)
Portrait de Famille d'un Stathouder. Pl. 57. 119

Holbeen.
Portrait d'un Guerrier. Pl. 71. 147

Kranack. (Luc)
Jésus au milieu des Enfans. Pl. 25. 55
Le Mariage de sainte Catherine. Pl. 47. 99

Laar. (Pierre de)
Halte de Voyageurs. Pl. 35. 75

Lairesse.
Mercure transforme Aglaure en pierre. Pl. 30. 65

Meer. (Vander)
Intérieur d'un Laboratoire de chimie. Pl. 34. 73

Meyer. (Anger)
Tableau de plantes et d'insectes. Pl. 66. 137
Tableau du même genre, pendant du précédent. Pl. 66. 137

Messis. (Quintin)
Le Christ mort, soutenu par la Vierge. Pl. 70. 146

Mieris. (François)
Portrait de Femme, vêtue de satin blanc. Pl. 58. 121

TABLE DES PLANCHES. 157

Miéris. (Guillaume)

Une jeune Femme consultant un Médecin. Pl. 52. 69

Mignon. (Abraham)

Tableau de fruits. Pl. 63. 131
Tableau de fleurs. Pl. 63. 131

Morten. (Vander)

Paysage. Pl. 61. 127

Neefs. (Péters)

Intérieur d'Eglise. Pl. 62. 129

Neer. (Vander)

Paysage, effet de clair de lune. Pl. 62. 129

Netscher. (Constantin)

Une jeune Fille donnant à manger à un Perroquet.
Pl. 59. 123

Poelenburg. (Corneille)

Paysage avec figures. Pl. 60. 125
Paysage avec figures, pendant du précédent. Pl. 60. 125

Potter. (Paul)

Paysage et animaux. Pl. 42. 89

Pynaker.

Paysage. Pl. 56. 117

Rembrandt.

S. Jérôme. Pl. 70. 145

Rickaert. (David)

Un repas rustique. Pl. 33. 71

Rottenhamer.

Le Baptême de N. S. Pl. 28. 61

TABLE DES PLANCHES.

Rubens.

Deux Enfans jouant dans un paysage. Pl. 56.	117
Paysage avec figures et animaux. Pl. 61.	127
Chasse aux lions. Pl. 64.	133

Ruysdael. (Jacques)

Paysage avec figures et animaux. Pl. 38.	81
Marine. Pl. 39.	83

Schalken.

Tableau de nature morte, effet de lampe. Pl. 69.	143

Schlicth.

Coquilles et madrépores. Pl. 67.	139
Coquilles et corail. Pl. 67.	139

Tool. (Van)

Une Femme arrosant une fleur. Pl. 57.	119

Weninx. (J. B.)

Vue de dunes au bord de la mer. Pl. 37.	79

Werf. (Adrien vander)

Une jeune Fille jouant avec un chien. Pl. 58.	121

ECOLE ANGLAISE.

Hamilton.

Diverses pièces de gibier. Pl. 64.	133

SCULPTURE ANTIQUE.

Mercure, statue en marbre. Pl. 72.	149
Buste de Bacchus, en marbre. Pl. 72.	149
Vase de marbre. Pl. 72.	149

Fin de la Table du Catalogue raisonné et figuré de la galerie de M. Massias.

www.ingramcontent.com/pod-product-compliance
Lightning Source LLC
Chambersburg PA
CBHW052246220526
45471CB00001B/217